Figli biologici ed adottivi: destabilizzazione della coppia da parte dei figli

Marco Fraticelli

Codice ISBN: 1541071166
ISBN-13: 978-1541071162

DEDICA

A mio Padre

Alla mia Compagna

A mia Figlia

A tutte le Famiglie

A tutti i Figli

Indice

RINGRAZIAMENTI

I ringraziamenti di questo lavoro vanno alla mia professoressa dell'Università che ha visto, fin dall'inizio in me un Sistemico, spingendomi a dedicarmi e sperimentare il modello sistemico sulle famiglie e i loro figli.

Alla mia compagna di vita ed alla sua infinita pazienza con me e con i miei scritti, pieni di punteggiature e di giri di parole che Lei magicamente semplificava e correggeva, nonché alla sua pazienza con me ed alla sua precisione ingegneristica.

A mia Figlia che con la sua presenza mi ha insegnato molte cose alcune facili, altre molto meno, ma pur sempre vere e utili.

Agl'Amici che credendo in me mi hanno sempre incoraggiato ed ancor oggi lo fanno.

A mio Padre… lui sa perché.

PREMESSA

...Dopo il naso gli fece la bocca.

La bocca non era ancora finita di fare, che cominciò subito a ridere e a canzonarlo.

Smetti di ridere! – disse Geppetto impermalito; ma fu come dire al muro. Smetti di ridere, ti ripeto! – urlò con voce minacciosa.

Allora la voce smise di ridere, ma cacciò fuori tutta la lingua.

Geppetto, per non guastare i fatti suoi, finse di non avvedersene, e continuò a lavorare.

Dopo la bocca gli fece il mento, poi il collo, poi le spalle, lo stomaco, le braccia, le mani.

Appena finite le mani, Geppetto sentì portarsi via la parrucca dal capo. Si voltò in su, e cosa vide?

Vide la parrucca gialla in mano al burattino.

Pinocchio!... rendimi subito la mia parrucca!

Pinocchio invece di rendergli la parrucca, se la messe in capo per se, rimanendovi sotto mezzo affogato.

A quel garbo insolente e derisorio, Geppetto si fece triste e melanconico, come non era stato mai in vita sua: e voltandosi verso Pinocchio, gli disse: "Birba di un figliolo! Non sei ancora finito di fare e già cominci a mancare di rispetto a tuo padre! Male ragazzo mio, male!".

E si riasciugò una lacrima...

(C. Collodi, *Le Avventure di Pinocchio. Storia di un burattino)*

INTRODUZIONE

Quando due persone si piacciono e si innamorano, due mondi si incontrano per tentare di fondersi piano piano in uno solo. Almeno questo è ciò che gli "innamorati" vorrebbero per loro. La realtà è ben diversa. Due mondi si incontrano e sono due mondi diversi e ben distinti tra loro, ognuno con le sue caratteristiche ed i suoi vissuti, ognuno con i suoi passati, il suo essere unico ed originale.

Questi due mondi, spesso molto diversi tra loro, andranno a cercare di formare il primo nucleo di quel sistema così complesso, da essere oggetto di studio costante e non ancora finito quale "la Famiglia".

Questo primo "sistema", porterà con sé altri sottosistemi complessi, i parenti per esempio, composti a loro volta di sistemi e sottosistemi.

La Famiglia così costituita, per ora da due mondi solamente, si presuppone che abbia come forte motivazione alla ricerca dell'armonia, una grande spinta: l'Amore. E' quindi fortemente motivata a trovare degli scambi relazionali che consentano uno scambio di idee, emozioni, relazioni, comportamenti, tali da consentire una amorevole, pacifica, e costruttiva convivenza.

Come enunciato più sopra però, questo viene inevitabilmente favorito da quanto la psiche dei componenti questo nucleo sia disposta a rinunciare al proprio "ego" per venire incontro alle esigenze dell'altro "ego" (smussando i propri angoli per poterli fare incastrare in quelli dell'altro, senza che questi inizino a scheggiarsi.

Questa piccola metafora per premettere, quanto possa essere difficile o complicato per due persone che decidono, pur amandosi, di iniziare a dividere un cammino comune, costruire e condividere degli obiettivi, dei progetti condivisi.

Due "mondi" che si incontrano e che, anche se si sentono attratti l'uno dall'altro, rimangono due mondi distinti, dovranno lavorare molto per conoscersi, capirsi, stimarsi.

Questo sistema complesso di corpi e psiche, energia e vissuti, passati e presenti, alla ricerca sì, di un futuro comune ma, è comunque un "sistema" che mantiene memoria di tutti i passati vissuti che si porta dentro e con i quali dovrà fare i conti ogni qualvolta, si troverà consciamente o inconsciamente di fronte ai vissuti ed ai passati dell'altro.

Quando questi due mondi, nella migliore delle ipotesi, hanno iniziato ad amalgamarsi bene ed il sistema inizia ad essere ben organizzato, quando tutto inizia a diventare più facile e più armonico, proprio in quel momento, in genere, la coppia inizia a pensare che tutto questo "bene" è in grado di ridistribuirlo ad altri e pensa ad un figlio.

La genitorialità della coppia si dice che sia una condizione innata e naturale, insita nella progettualità della coppia stessa. Quello che la Sistemica ha elaborato in questi anni e che la ricerca sulla famiglia e sul suo ciclo vitale hanno evidenziato è che: il "Sistema Famiglia" non è proporzionalmente complesso sulla base del numero dei componenti, bensì esponenzialmente.

In altre parole un sistema famigliare a due non è assolutamente paragonabile ad un sistema a tre elementi, né ad uno a quattro.

Le dinamiche psichiche e relazionali sono esponenzialmente più complesse, man mano che il numero dei componenti il sistema sale. La ricerca dell'equilibrio ed il suo raggiungimento da parte di due componenti principali, (marito e moglie – papà e mamma) è, per definizione, sempre a rischio di destabilizzazione da parte di elementi "esterni".

Un figlio non fa eccezione a questa regola. Anzi, rappresenta un terzo "mondo" che aggiungendosi ai primi due, aumenta naturalmente la complessità del sistema, facendo spesso da cassa armonica amplificante di tutti gli eventuali "problemi" non risolti.

CAPITOLO 1

La famiglia

1.1 L'esecuzione del progetto della creazione nella Genesi

Presentata al mondo in una terzina quasi poetica:

"Dio Creò l'uomo a sua immagine,

a immagine di Dio lo creò,

maschio e femmina li creò"

(Genesi 1, 28).

Segue la benedizione di Dio, che come nel caso degli altri esseri viventi sta all'origine della trasmissione della vita. Essa ha la sua fonte nella trasmissione della vita. Essa ha la sua fonte nella parola creatrice di Dio:

"Dio li benedisse e disse loro: Siate fecondi e moltiplicatevi, riempite la terra ..." (Gen 1,29).

L'orizzonte Biblico è quindi quello di prendere possesso della terra e di non essere solitario, ma coppia che nella relazione di maschio e di femmina prolunga l'azione creatrice di Dio e ne rappresenta la signoria sulla terra. Su quanto appena descritto si innesta il secondo racconto della creazione dov'è Dio stesso che presenta la donna all'uomo perché siano "una sola carne". Realizzazione di coppia primordiale, - "ossa delle mie ossa, carne della mia carne" – corrisponde al disegno di Dio per il bene dell'essere umano.

Posti al centro ancora una volta la coppia primordiale, invece di chiamarli con il loro nome che indica l'umanità li chiama *"Ish uomo - marito"*, e *"Ishàh"*, corrispondente dell'uomo al femminile *"donna – moglie"* ed Adamo gli fa eco dichiarando e pensando a se stesso, creato dalla terra:

"Questa volta essa è carne della mia carne, osso dalle mie ossa, la si chiamerà Ishàh perchè da Ish – uomo – è stata fatta". (Gen. 2, 23).

Questa reciprocità, che esiste fin dall'origine dei tempi, ci parla di una simmetria di relazioni all'interno del rapporto maschile - femminile. L'essere umano esiste come coppia ideale. L'uomo e la donna non esistono per conto loro, ma implicano una reciprocità, non solo per la generazione dei figli.

Adamo nella sua solitudine, si ritrova senza alcuno di simile a lui che gli faccia fronte e quando il Signore Dio gli presenta la donna, lui non può far altro che sentire quanto sia parte di lui, perché da lui generata. In questo riconoscimento Biblico sta l'origine dell'alleanza di Dio con l'uomo e dell'uomo con la donna. Il patto di unione e condivisione che ne deriva è naturale ed inevitabile.

Il secondo racconto della creazione si conclude con la *"presentazione del matrimonio"*, fondato sulla relazione primordiale di coppia appena descritta come alleanza: *"per questo l'uomo abbandonerà suo padre e sua madre e si unirà a sua moglie"*. Quella che si delinea è una perfetta armonia ed immagine positiva nella rispettiva nudità, di cui nessuno dei due si vergogna.

1.2 Il progetto comune: la famiglia come spazio di incontro e di differenze

"E' così che Aristofane ci introduce al Mito dell'Androgino che, in principio, era un'unità, che partecipava per aspetto e per nome di entrambi, il maschio e la femmina . Quest'essere umano primigenio – nella tradizione del mito – era terribile per vigore e potenza e tanto arrogante da tentare perfino un attacco contro gli Dei. Zeus decise di indebolirlo tagliandolo a metà. Da allora ciascuna metà ricerca la metà perduta che era sue e, se la trova, le si avvince con le braccia che si intrecciano l'una con l'altra per il desiderio di fondersi insieme.

Zeus fece in modo – spostando i genitali delle due metà sul davanti – di rendere creativa questa tensione e stabilì che la generazione, da quel momento in poi, avvenisse tra di loro, cioè attraverso il maschio nella femmina, con lo scopo che, nell'abbraccio, se un uomo si imbatteva nella donna, generassero e si riproducesse la stirpe.

E' in questo modo che Aristofane spiega come da un tempo così remoto è connaturata negli uomini la natura per gli uni per gli altri; esso ricongiunge la natura antica e si sforza di fare di due, uno, e di guarire la natura umana... Ciascuno cerca sempre il proprio complemento".[1]

Difficile poter pensare ad un'unione di questo tipo senza il presupposto di una fusione reciproca di desideri e progettualità. La stessa, a sua volta, non è possibile se non con una chiara definizione o comprensione dei "ruoli" in seno alla coppia stessa, tenendo presente potenzialità e limiti, punti di forza e debolezze, complementarietà e differenze.

La Famiglia è per definizione un "*incontro tra differenze*" [2] e come è facilmente intuibile, quindi, non principalmente un incontro tra interessi comuni. Il collante è l'amore che unisce le persone le une legate alle altre

---

[1] Colli G., a cura di, (1989), dal *Simposio* di Platone, Milano, Adelphi, pagg. 42-49

[2] Nicolli S., Tortalla E. e M., (2008), *Disagio e crisi di coppia: fallimento, speranza o novità?,* Siena,

Cantagalli

con molti modi di amore e di affetti diversi: l'amore tra i coniugi, quello dei genitori verso i figli, quello dei figli verso i fratelli, verso i nonni e così via in un intreccio affettuoso e di relazioni che fa della Famiglia l'elemento più complesso e complicato alla base delle Società di tutto il mondo. Come si può quindi intuire da subito, il progetto che nasce, quasi sempre nella totalità dei casi, da un sentimento amoroso ed attrazione fisica di due persone, si declina poi in un progetto complicato e molto articolato del quale spessissimo non si ha nemmeno idea, pur provenendo entrambi da un'altra famiglia, quella di origine.

La famiglia è quindi uno spazio sia fisico che sentimentale, intellettuale, progettuale ed organizzativo, nel quale si incontrano persone, esigenze, sicurezze, aspettative, desideri, paure, in un naturale crogiuolo che racchiudendo tutto in uno spazio sia fisico, le mura domestiche, sia mentale, fa sì che tutto ribolla insieme, dando inizio ad un processo di fusione quasi alchemica, che viene chiamato famiglia.

E' logico e anche facilmente intuibile, che tutto ciò avvenga sull'onda di delicati equilibri "dinamici", che sono soggetti a continui cambiamenti sulla base cronologica del tempo e dello spazio fisco, che ogni componente occupa e che, di volta in volta, sposta o propone.

"Passare dall'innamoramento all'amore è proprio un'utopia? Si ritiene di no. Si pensa che per la coppia, avvenga un passaggio analogo a quanto visto rispetto all'evoluzione individuale: un innamoramento può diventare amore se lo è già in potenza". [3]

E' questa potenzialità che permette di assumere nell'amore non soltanto quell'affinità con l'altro che è la prima molla dell'innamoramento, ma anche quella diversità che l'innamoramento tende ad occultare. Si potrebbe dire che nel rapporto di coppia una "somiglianza" di base, quella stessa che sostanzia il legame fra i genitori ed i fratelli, si trova a confrontarsi con la "differenza". E' quest'ultima a dover subire un processo di trasformazione e di assimilazione reciproci che si realizzerà nella unità di coppia.

Eraclito scriveva: "*Se speri l'insperabile, non lo scoprirai, perché è*

[3] Chizza L. (1986), *Perché ci ammaliamo?* , Borla, Roma, 1998, pag. 28.

chiuso alla ricerca, e ad esso non conduce nessuna strada." [4]

Nell'orizzonte culturale degli ultimi trent'anni almeno, il diffuso e sicuro "sentire" che l'innamoramento e l'amore di coppia siano due fasi distinte e che prima o poi siano parte di un processo destinato non solo a scindersi in un prima e in un dopo, ma anche, a dissolversi in un dopo a convivenza mantenuta da ragioni che si possono cogliere sempre più intrinseche od addirittura estranee alla vita di coppia, definisce la crisi cronica di quest'ultima che molti, oggi, reputano irrimediabile.

Che si parli di crisi della coppia, anziché di crisi della famiglia, la dice lunga su come manchino gli strumenti per una lettura adeguata delle ragioni delle "crisi" ed ancor meno per le soluzioni, a volte semplici, come l'essere meno accentrati sul proprio egoismo, che sono alla nostra portata e di "facile" attuazione e strategie possibili con l'apertura di un dialogo e spiegazioni reciproche di ciò che sono le proprie difficoltà e desideri, paure ed aspettative.

Il confronto diventa essenziale per una comprensione reciproca anche attraverso, come ci suggerisce Eraclito, una visione più "realistica" dello sperabile e fattibile, una meno drammatica angolazione dell'eventuale problema o difficoltà che ci si pone innanzi.

E' ormai convinzione comune che la sessualità, sia un punto cardine di un "sano" sviluppo della coppia che già permette una duplice ed essenziale lettura.

La prima come energia libidinale che accompagna dall'inizio, tutta la storia evolutiva dei soggetti e contrassegna le tappe, con il suo culmine nella Genitorialità, sotto le cui egida si riorganizzano e gerarchizzano tutti i passaggi e traguardi parziali precedenti.

La seconda come mezzo per ritrovarsi, comprendersi e riarmonizzarsi continuamente dopo le eventuali e normali tensioni o incomprensioni che possono sorgere nell'organizzazione e gestione della vita di coppia.

---

[4] Eraclito, (1993), traduzione e cura di A. Tonelli, *Dell'origine,* Milano, Feltrinelli, pag. 200.

La conquista della genitalità, come è noto, non equivale a conseguire il potere procreativo che, a rigor di logica uno possiede già al termine della fase puberale, ma significa essere pervenuti ad una sessualità intenzionale al servizio della armonia psico-fisica non solamente soggettiva, ma di coppia.

E' possibile quindi anche trasformare la sessualità in una forma di dialogo, quale piattaforma di incontro, di interazione al servizio della continua costruzione dell'identità di coppia e del progetto creativo ad essa sotteso, diventando mezzo per la reciproca conoscenza e valutazione.

In questa "fusione" reciproca nasce il senso della "*Noità*" spiegato da Carlo e Rita Brutti nel loro saggio: " *Un traguardo dove Eros e Psiche, gioco e responsabilità, maturazione dell'identità personale e suo trascendimento nell'identità di coppia, si fondono un una prospettiva unitaria che fa della Noità il vertice della nostra pienezza umana. E' solo il conseguimento di tale traguardo a farci capire e sperimentare che non c'è amore carnale contrapposto all'amore spirituale".*[5]

Va sicuramente recuperato il concetto che nella più realistica consapevolezza, il mondo delle relazioni è una realtà complessa, che esige un continuo lavoro psicologico di elaborazione, negoziazione e bilanciamento delle distanze interpersonali.

Si tratta di bisogni interpersonali che discussi, negoziati e ri-negoziati hanno lo scopo di permettere un equilibrio sufficientemente buono per entrambi.

Parallelamente potremmo anche dire che *"la relazione è l'esito di una dialettica senza fine tra la capacità di riconoscere l'altro come soggetto, in quanto tale diverso da noi, e la tendenza inconscia a ricondurre l'altro a soggetto della propria fantasia e a trattarlo come se lo fosse: operazione arbitraria, sia che l'altro sia attraverso il nostro immaginario fantasticato come negativo, sia che venga impreziosito di*

---

[5] Brutti C., Brutti R., (1998), *La coppia come Noità, una sfida per un tempo di crisi,* Assisi, Cittadella Editrice, pag. 98

aspetti idealizzati".[6]

"Il "paradosso" del riconoscimento dell'altro come base per la conoscenza di se stessi e della relazione con l'altro, passa attraverso il riconoscimento della compresenza, in me dell'altro, di questi due ordini di esigenze radicalmente opposti e non risolve una volta per tutte, ma rimane un'istanza organizzatrice per tutta la vita".[7]

1.3 La scelta del Partner

Quando si stabilisce un legame amoroso, questo fondamentale processo di idealizzazione sembra dunque trovare la sua più lontana origine nei primi momenti della vita psichica del neonato.

Esso corrisponde a un'attività fantasmatica legata alla separazione dell'oggetto buono dagli oggetti cattivi.

"La domanda amorosa dell'adolescenza o dell'età adulta ripete questo processo; le difficoltà incontrate nel corso dell'evoluzione non impediscono il permanere della nostalgia del seno buono, dell'oggetto buono, e lo stabilirsi della relazione amorosa richiede in maniera analoga il ricorso alla distinzione e all'idealizzazione, per ritrovare un oggetto buono gratificante.

Per cui, il mondo dell'innamorato è diviso in due: da un lato un oggetto completamente buono, che appartiene al soggetto, e dall'altro tutto il resto del mondo, all'interno del quale compaiono oggetti cattivi, persecutori, che minacciano sia il soggetto che l'oggetto introiettato.

La strategia amorosa riproduce quella dei primi momenti della vita, in quanto tende a mantenere – eventualmente anche attraverso l'attività fantasmatica – il carattere totalmente buono dell'oggetto, pronta ad

---

[6] Benjamin J.,(1996), *Soggetti d'amore,* Milano, Cortina, Pagg.34-35.

[7] Nicolli S., Tortalla E. e M., (2008), *Disagio e crisi di coppia: fallimento, speranza o novità?,* Siena,

Cantagalli

allontanare da esso tutto ciò che potrebbe apparire come parti cattive.

Questi processi, di cui vedremo l'importanza nei momenti della crisi, già qui trovano il loro ruolo, nella scelta del partner, che non può essere dissociata dalla nostalgia attesa di una relazione totalmente soddisfacente".[8]

Come scrive la Klein, durante la fase dell'innamoramento o della luna di miele i particolari spiacevoli o non graditi vengono completamente soppressi attraverso il processo della negazione. Questo parrebbe per il genere umano un vantaggio ed un privilegio. Nella pratica clinica, si trova che questo processo di negazione si mantenga a lungo in alcuni soggetti che, per ragioni psicopatologiche, non possono tollerare troppo le angosce di persecuzione, senza che la loro personalità si disintegri.

L'intuizione della Klein ci aiuta così a percepire come all'origine della formazione di tutte le coppie, vi siano questi processi psichici, che rimangono particolarmente evidenti anche durante le fasi successive nel ciclo della vita di coppia.

Questa teoria può essere applicata a tutti ma, soprattutto a soggetti immaturi, sia che si tratti di formazione delle coppie molto giovani o di embrioni di coppie (come negli adolescenti), sia che si tratti di soggetti la cui immaturità affettiva rientra nel quadro clinico.

La scelta del partner può anche essere studiata sotto l'aspetto della "*protezione contro il rischio di un amore troppo intenso*", trattarono di questo Freud con la Teoria del narcisismo e più recentemente Winnicott a proposito delle misure di protezione che il bambino si costruisce alla ricerca di uno spazio compreso fra l'*Io* ed il *Non Io*. Egli ricorre a stratagemmi quali misure di protezione davanti a qualunque oggetto investito, es. lo psicanalista, un segreto, una bugia, la dissimulazione. Ugualmente alcuni soggetti mettono in campo le stesse strategie nei confronti dell'altro per evitare eventuali sofferenze in caso di forzato distacco.

---

[8] Lemaire J. G.,(1981), *Vita e morte della coppia,* Assisi, Cittadella Editrice, pag. 97

Particolarmente interessanti sono *"le reazioni alla invasione",*[9]che fanno pensare alla *"insicurezza ontologica"*[10] descritta da Laing dove, perché l'essere umano sia in grado di stabilire con l'altro una vera relazione, senza sentirsi minacciato, è necessario un solido sentimento della propria esistenza, della propria realtà e identità.

Se non si è in grado di raggiungere questo stato di consapevolezza, si rischia di sentirsi costantemente obbligati a difendere la propria insufficiente identità.

Scrive Laing che, nel momento in cui l'altro viene capito, "com-preso", colto, un soggetto insicuro si sente automaticamente minacciato nella sua integrità. Una relazione amorosa, quindi, può venir colta come un "attacco" alla propria identità, al proprio essere.

Una chiave di lettura di quanto sopra esposto può essere compresa partendo da quanto sostenuto da Winnicott, ed in particolare dal concetto di *invasione*, che trova la sua definizione nel quadro delle prime relazioni col mondo.

Ricordiamo che per Winnicott , prima che un vero Io infantile si formi, esiste un *continuum* fra l'essere mal differenziato e la madre che lo avviluppa. Nel quadro di questo processo, gli atteggiamenti della madre giocano un grande ruolo e davanti ad essi il bambino non ha che debolissimo potere. La presenza di una madre sufficientemente buona e con stimoli affettuosi giusti ed equilibrati, per esempio, darà al neonato un senso corretto di onnipotenza dal quale poi non farà fatica a distaccarsi. Se al contrario si confronterà con una madre con un comportamento non perfettamente adeguato, ad esempio una madre possessiva che riempia di attenzioni ed affettuosità invadenti, che si avvicini troppo ad un neonato che non lo richieda, avverrà che il neonato si dovrà difendere da questo *sconfinamento.*

[9] Winnicott D. W., *(1987), I bambini e le loro madri,* Milano, Cortina

[10] Laing R.,(1972*), Io diviso, studio di psichiatria esistenziale*, Torino, Einaudi

1.4 La famiglia come sistema

La famiglia è stata spesso definita come un gruppo o come un sistema. In ogni caso si deve tener presente che essa è un gruppo ed un sistema sui generis, anzi un'organizzazione specifica.

Come descritto da Eugenia Scabini, per meglio comprendere cosa si intenda per *"Organizzazione Specifica"* [11]è necessario dedicare alcune brevi e sintetiche osservazioni alla connotazione della famiglia come gruppo e come sistema.

L'inclusione della famiglia nel novero dei piccoli gruppi, se non addirittura la sua assunzione a modello paradigmatico è stato un classico della Psicologia degli anni cinquanta.

La definizione lewiniana di gruppo ha costituito la base concettuale per tale operazione. Essa infatti si adatta perfettamente alle caratteristiche strutturali e di funzionamento della famiglia: *"Il gruppo è qualcosa di più, o per meglio dire, qualcosa di diverso dalla somma dei suoi membri: ha struttura propria, fini peculiari e relazioni particolari con altri gruppi.*

Quel che ne costituisce l'essenza non é la somiglianza o la dissomiglianza, riscontrabile tra i suoi membri, bensì la loro interdipendenza. Esso può definirsi come una totalità dinamica. Ciò significa che un cambiamento di stato in una sua parte o frazione qualsiasi, interessa lo stato in tutte le altre. Il grado di interdipendenza delle frazioni del gruppo varia da una massa indefinita a un'unità compatta. Dipende tra gli altri fattori, dall'ampiezza, dall'organizzazione e dalla coesione del gruppo". [12]

Questa definizione inaugura un vero e proprio punto di vista relazionale, centrato sull'interdipendenza dei membri del gruppo, superando così

---

[11] Scabini E., (1995), *"Psicologia sociale della famiglia",* Torino, Bollati Boringhieri

[12] Lewin K., (1951), *Teoria e sperimentazione in psicologia sociale*, Bologna, Il Mulino, pag. 125

l'impostazione behavioristica fino ad allora imperante e la tendenza a ridurre i fatti sociali alla sommatoria di comportamenti individuali.

L'espressione "la famiglia è un sistema" è stata usata ed abusata in psicologia. Da un lato si ritrova l'attenzione precipua ai rapporti, alle interazioni reciproche tra le parti e funzioni, dall'altro alcuni "concetti chiave" passati da coloro che si occupano di famiglia in una prospettiva socio evolutiva, attraverso la mediazione delle diverse declinazioni della teoria sistemica.

" *La famiglia può essere intesa come un sistema aperto che funziona in relazione al suo contesto socio culturale e si evolve durante il ciclo di vita*"[13].

In quanto tale, essa possiede alcune caratteristiche peculiari: la *non sommatività,* che riprende una delle componenti principali della definizione del gruppo di Lewin, la *casualità circolare,* l'*equifinalità, la comunicazione e le regole , l'omeostasi e la morfogenesi.*

In particolare:

- *Non sommatività:* la famiglia costituisce un sistema diverso dalla somma delle parti /individui, e scaturisce dall'interconnessione dei suoi membri; è pertanto importante individuare "il pattern che connette", (Bateson, 1976), gli individui della famiglia.
- *Comunicazione:* ogni comportamento che si verifichi nella famiglia costituisce un atto comunicativo diretto a tutti i membri, con un valore di messaggio implicito o esplicito.
- *Regole famigliari*: le regole famigliari implicite o tacite garantiscono stabilità e identità al sistema famigliare, definiscono le aspettative legate ai ruoli ed il grado di liceità dei comportamenti.

[13] Walsh F., (2008), *La resilienza familiare*, Milano, Cortina

- *Omeostasi:* il sistema famigliare attua meccanismi stabilizzatori attraverso catene di feedback ricorsivi che tendono a riportare i comportamenti entro una fascia contenuta di oscillazioni e ad evitare cambiamenti recepiti come destabilizzanti.

In riferimento ai mutamenti famigliari si sono formulate diverse teorie identificabili nella *teoria dello stress e coping* e nell' *approccio dello sviluppo.*

La prima teoria si concentra prevalentemente sugli eventi imprevedibili che la famiglia può incontrare nel suo cammino, mentre la seconda si occupa principalmente del ciclo vitale della famiglia e degli eventi prevedibili e normativi che ne punteggiano il percorso.

Nel tempo questi due aspetti tendono ad unificarsi in una prospettiva comune, che considera sia gli eventi prevedibili, che quelli imprevedibili, che innescano il cambiamento e le modalità che la famiglia utilizza per affrontarli, (coping).

L'approccio dello sviluppo ha iniziato a integrare all'interno del proprio quadro di riferimento i concetti di *coping* e di *adattamento*, consapevole che i cambiamenti prevedibili lungo il ciclo di vita non sono transizioni automatiche, ma possono rappresentare una fonte di stress che richiede alla famiglia un attivo sforzo di elaborazione e di attivazione delle risorse che possiede. D'altra parte, gli esponenti della teoria del *Family Stress* hanno cominciato a spostare la loro attenzione, oltre che sull'influenza degli stress imprevedibili nello sviluppo della famiglia, anche sugli effetti degli eventi "normativi" e prevedibili e sulle modalità più adeguate di coping famigliare.

1.5 Il progetto figli. Condivisione v/s opposizione

La vita della famiglia non scorre uniformemente, ma ha un suo percorso ritmato. Come già sottolineato nella teoria della *Family Stress* e nell'*Approccio dello Sviluppo*, il ciclo di vita della famiglia, è scandito da periodi, a partire dagli eventi significativi che si verificano.

Tra gli eventi critici rivestono particolare importanza le entrate e le uscite dei membri della famiglia, poiché modificano la struttura della famiglia e la sua evoluzione nel tempo verso una reciproca differenzazione, nonché il costituirsi dei molteplici ruoli famigliari, (genitore, nonno, zio, genero, suocera, etc).

"Gli eventi critici per eccellenza sono perciò la nascita e la morte: essi sono cruciali marcatori di passaggio, ma analogamente segnano tutte le altre forme di contatto e di distacco significativo, ad esempio, il periodo dell'adolescenza dei figli".[14]

Ogni storia famigliare è punteggiata di eventi critici normativi e non normativi. Tra gli eventi critici prevedibili e non prevedibili, il ruolo importante è svolto dall'elemento scelta o non-scelta che li attraversa.

Abbiamo così eventi critici *prevedibili e scelti*, (nascita dei figli, uscita di casa dei figli), o solo per chiarirne la differenza, *non prevedibili e scelti*, (separazione), si parla appunto in questo caso di Famiglie messe alla prova.

Due partner fanno incontrare le proprie storie familiari, e come in ogni incontro, questo ha una sua propria imprevedibilità, una propria fortuità.

Così, se è vero che ognuno dei due partner deve fare i conti con gli ostacoli dati dal passaggio dalla propria famiglia d'origine alla "nuova", è anche vero che le proprietà del nuovo legame di coppia, sono diverse dalla somma delle risorse e dei deficit che costituiscono il bagaglio dei due partner. La nuova coppia può così essere o non essere in grado di elaborare e trattare il difetto nello scambio generazionale di uno o di entrambi i partner.

Questo non è solo il frutto di una generica qualità sana o meno del rapporto, ma comporta la presenza di abilità differenziate nel trattare punti e aree forti o deboli della relazione, tra cui la capacità di gestione

---

[14] Scabini E., (1995), *"Psicologia sociale della famiglia",* Torino, Bollati Boringhieri, pag. 98

del conflitto, la capacità di esprimere affetto, ecc.

Molto sinteticamente, assistiamo, a partire dall'ottocento fino a metà del novecento, alla nascita e all'espansione della famiglia nucleare borghese puerocentrica, nel senso che investe fortemente sui figli, visti soprattutto come strumento e molla di quella riuscita famigliare che è stata alla base dell'economia capitalistica.

Nel momento del suo massimo sviluppo, intorno agli anni 60, questa famiglia privatizzata entra in crisi, e con essa la sua rappresentazione dell'infanzia. Si sostituisce un nuovo tipo di puerocentrismo, che presenta sempre più chiaramente aspetti di ripiegamento narcisistico: il figlio è soprattutto una forma di realizzazione dell'adulto.

"L'attuale atteggiamento culturale, definito puerocentrismo narcisistico è rinforzato da un elemento chiave che ha segnato la transizione alla genitorialità degli ultimi decenni: la scelta".[15]

La nascita di un bambino è divenuta infatti, a differenza del passato, un avvenimento scelto: la procreazione, cioè, non rappresenta più un destino biologico, ma è il risultato di una scelta, nella maggior parte dei casi condivisa, di un desiderio di autorealizzazione di entrambi i componenti della coppia.

Per secoli la nascita dei figli è stata vissuta come un accadimento naturale, di cui poco si sapeva, e che comunque non si poteva programmare; la possibilità di scegliere non solo di avere figli, ma anche di decidere quando averne, appare dunque come un fatto assolutamente nuovo e determinante sulla scena della nostra realtà sociale, nella quale, peraltro, la scelta di diventare genitori rappresenta il fondamentale rito di passaggio all'età adulta.

È stato accuratamente osservato da Bettelheim (1987), che in passato, il fatto di subire la nascita di un figlio aveva come conseguenza una certa estraneità e precarietà di tale avvenimento, non priva di timore, legato ai

[15] Scabini E., (1995), *"Psicologia sociale della famiglia",* Torino, Bollati Boringhieri, pag. 99

rischi della gravidanza e del parto.

Ciò aveva come risvolto psicologico uno sgravio sia di aspettative, sia di sensi di colpa, due eredità che, al contrario, oggi sembrano pesare sulla relazione dei genitori con i propri figli.

Ora che lo sviluppo tecnico ha reso, nella civiltà occidentale, la vita molto più comoda quasi per tutti, e il pericolo esterno tende a essere concepito come nullo, il bambino, da subito, dal suo concepimento, è presentato come un bene duraturo, sul quale fare affidamento.

Un figlio scelto è, così spesso caricato di notevoli aspettative. I genitori investono molto, forse troppo, nei pochi figli che mettono al mondo, e ciò può costituire per le nuove generazioni una difficoltà, poiché sentono di dover corrispondere a un'impegnativa immagine di sé.

Gli aspetti affettivi di calore e di sostegno occupano tutto il campo, e quasi nessuna attenzione viene rivolta all'aspetto normativo, di direzione, di spinta in avanti nella realizzazione di sé sul versante sociale, oltre che intellettuale.

All'interno della famiglia si persegue così, spesso, una pseudo pariteticità, negando la differenza gerarchica e la connessa responsabilità adulta e si è mossi da un atteggiamento permissivista che, nelle sue punte estreme, rappresenta l'influenza adulta sottomessa fino al suo annullamento. Proprio perché il figlio è oggi una scelta, non è raro che si verifichi la situazione per cui alcune coppie, non accettando la propria sterilità, decidono di avere un figlio a tutti i costi, tramite tecniche di procreazione assistita, mentre altre mettono lo stesso impegno e la stessa tenacia, nell'evitare gravidanze indesiderate.

Sono questi i paradigmi estremi di una procreazione all'insegna del controllo. In particolare, " *la recente diffusione delle tecniche di procreazione assistita sembra aver originato un problematico mutamento di senso nella dimensione antropologica e sociale della genitorialità: in effetti l'attuazione di alcune di queste procedure, e precisamente quelle eterologhe, che richiedono l'intervento di gameti maschili o femminili, opera di una scissione tra genitorialità biologica e genitorialità sociale ed educativa, danno luogo a un inevitabile moltiplicazione e frammentazione delle figure parentali.*

Il figlio, espressione concreta della progettualità di coppia, non fa solo operare ai due partner un passaggio dalla diade alla triade, ma provoca auspicabilmente un profondo consolidamento della diade stessa. La presenza di un terzo polo che rompe e modifica la primitiva struttura diadica, infatti, offre alla coppia un riferimento comune che le permette di evitare il pericolo di un narcisismo a due. Con la nascita del primo figlio, la storia famigliare si arricchisce della presenza di una terza generazione."[16]

Occorre riflettere sulla portata intergenerazionale di questo evento. La nascita di un figlio, infatti, si può definire l'evento critico per eccellenza perché, provocando l'entrata in scena di una nuova generazione, obbliga a una ridefinizione delle relazioni familiari e a una conseguente nuova distribuzione dei ruoli.

È sempre sorprendente riflettere sul fatto che la nascita di un bambino dà luogo a nuove posizioni e nuovi ruoli per tutti i membri della famiglia: i coniugi diventano anche genitori, i genitori anche nonni, i fratelli dei genitori anche zii, eccetera. *"La nascita di un bambino ha così effetti non solo sul nuovo nucleo, ma anche sulla famiglia estesa: riprova questa del fatto che la famiglia ha confini ben più ampi della stretta nuclearità e vive una dilatata e articolata intergenerazionalità."*[17]

---

[16] E. Scabini, (1995), *"Psicologia sociale della famiglia",* Torino, Bollati Boringhieri Pagg. 139-142

[17] E. Scabini, (1995), *"Psicologia sociale della famiglia",* Torino, Bollati Boringhieri, pag. 148

CAPITOLO 2

I conflitti famigliari

2.1 Insorgenza dei Conflitti

Gli operatori dell'Istituto studi matrimoniali sentono spesso coppie sposate che spiegano in vari modi il loro bisogno di unione, ma allo stesso tempo di essere individui autonomi.

Qualche individuo oscilla tra la paura di essere fagocitato dall'altro o quella di essere escluso ed isolato, ma la speranza che l'unione possa completare l'incompleto e allo stesso tempo liberare il prigioniero è molto diffusa.

Teilhard de Chardin, nel 1959, si espresse così: " *gli uomini non sanno come ciò che è in disaccordo vada d'accordo con se stesso. E un'armonia di tensioni opposte, come quella dell'arco e della lira".*

Come nasce questa speranza? Quando le coppie in difficoltà si presentano all'Istituto studi matrimoniali e gli operatori chiedono loro che cosa all'inizio li abbia attratti l'uno verso l'altro, talvolta presentano una lista di attributi di cui sono pienamente coscienti: " *Sapevo che era in grado di tener bene la casa"*, oppure, «*Ha tanta fantasia*", ma qualche risposta è piuttosto vaga: "*è stato un amore a prima vista*", "*fu come un improvviso riconoscersi*", "*con lui potevo essere me stessa", "stavamo bene insieme"*, ecc. Che cosa significano queste affermazioni?

Il lato sconosciuto di una persona può essere manifestato o mascherato in modo molto diverso da come appare e potrà, successivamente, diventare il problema condiviso, riconosciuto fin dall'inizio ad un livello inconscio.

Ciò non toglie nulla a tutti gli altri aspetti consci della personalità, che sono anch'essi motivi veri per cui i componenti la coppia si scelgono ma, l'attrazione che provano l'uno per l'altro e la sfida che presentano a livello inconscio, è il loro handicap emotivo condiviso.

Un esempio di questo è il caso di una timida ragazza insicura che sposa colui che, apparentemente, percepisce come uomo sicuro, socialmente a suo agio, a cui pensa di potersi appoggiare o dietro il quale potrà nascondersi. Col tempo, potrebbe percepirlo come troppo sicuro di sé, fino all'impudenza e ciò servirà soltanto ad aumentare la sua insicurezza e si sentirà tradita. A sua volta, il partner, attirato da lei per ciò che, inizialmente, percepiva come quieta, equilibrata riservatezza, per lui forza e supporto, potrebbe provare delusione perché lei, ritirandosi sempre più in se stessa, lo lascerà strafare nell'esibire una inesistente sicurezza. Si intrappolano a vicenda in angoli opposti con i loro modi diversi di affrontare l'ansia e ciascuno si sentirà disilluso dall'altro e abbandonato. Se si accorgessero di avere un problema comune, potrebbero aiutarsi l'un l'altro nel tentativo di uscire dalla difficoltà.

Nella relazione con il partner (interpersonale) sono sempre presenti i conflitti inconsci dell'individuo (intrapsichici).

Il modo in cui l'individuo usa le sue relazioni può contribuire sia ad evitare, che a risolvere i suoi problemi interni. I modi per evitarli sono quelli della separazione, del diniego e della protezione proiezione, con il quale continua a localizzare il problema nell'altra persona.

I meccanismi risolutivi sono quelli del riconoscimento seguito da depressione e integrazione. Così anche se consciamente i partner possono scegliersi l'un l'altro per i loro aspetti buoni e positivi, la selezione ad un livello meno conscio si verifica per il loro mutuo livello di immaturità emotiva.

Gli operatori dell'Institut of Marital Studies, hanno spesso osservato che ciascuno dei partner di una coppia sposata sembra essere allo stesso livello emotivo in cui si trovava nel periodo precedente il matrimonio, ma che da questo punto di partenza i coniugi possono crescere assieme o separati, a seconda dell'andamento della loro relazione.

Si è spesso osservato che le coppie sposate, particolarmente all'inizio della vita matrimoniale, possono regredire verso un comportamento infantile. Talvolta, il gioco infantile, che era così piacevole all'inizio della loro relazione, potrà diventare, in seguito, il motivo per le loro reciproche accuse punitive, con l'aumentare delle pressioni e delle responsabilità. Si potranno, quindi, vicendevolmente lamentare: "*è proprio una bambina con cui è impossibile ragionare*", oppure, "*è così debole e irresponsabile*".

Ci sono però matrimoni in cui si evita ogni tipo di esplorazione di questo genere. Sembra che ci sia una collusione inconscia per render sicuro il matrimonio, per tenere ogni conflitto, differenza o difficoltà proiettata verso l'esterno su qualche entità o persona. In questo modo il matrimonio potrebbe essere apparentemente protetto, ma la relazione risulterà sterile.

La persona od oggetto, che diventa il ricettacolo del male, così che il matrimonio possa restare buono, potrà essere una cosa astratta, come il lavoro del marito o il partito politico, oppure, più frequentemente, una terza persona, come una suocera insopportabile o un figlio che crea problematiche.

Nel matrimonio, ciascuno dei partner porta pulsioni, atteggiamenti, bisogni consci e inconsci che sono in parte accettabili e in parte inaccettabili. Quegli atteggiamenti e pulsioni che ognuno ha difficoltà ad accettare in se stesso cerca, a volte, di attribuirli al partner.

"Un individuo in guerra con sé stesso, più parte di sé può proiettare, e più diventerà dipendente da chi riceve le sue proiezioni. Nel matrimonio, che viene così assalito, si trasforma, in parte, in una relazione con sé stesso e il partner cessa di esistere come individuo per suo diritto".[18]

All'interno dei rapporti matrimoniali, queste proiezioni e identificazioni possono essere un processo reciproco e per un certo verso un ricettacolo delle parti rifiutate dell'altro.

"Ogni partner si sforza di trovare nell'altro, o di indurre l'altro a

---

[18] Mainprice, K Bannister, L. Pincus, (1974), *La crisi coniugale e i figli,* Roma, Armando Ed., pagg.15-19;

diventare, l'esatta personificazione di quella identità la cui cooperazione è richiesta come complemento della particolare identità che si sente costretto a sostenere"[19].

Nella terapia coniugale il paziente arriva con un sintomo che generalmente esprime il suo disagio in termini di difficoltà matrimoniali, spesso con una gran confusione sul fatto che la causa del disagio stia in lui o nel partner. Gradualmente ci si rende conto che i confini tra i due sono indistinti e confusi e che il modo in cui uno percepisce l'altro è spesso notevolmente distorto.

Queste percezioni distorte sono una specie di specchio che riflette il mondo interiore proprio di ciascun individuo, rivelatore di problemi interiori conflittuali.

2.2 La nascita di un figlio

Partendo dai compiti genitoriali, la coppia si trova innanzitutto a gestire quello che si può definire il compito fondamentale richiesto in questa fase del ciclo di vita, inteso come il salire di una generazione che si prende cura della generazione più giovane.

Le difficoltà che si riscontrano a questo livello, i conflitti su chi deve prendersi le responsabilità, la capacità di comportarsi come genitori adeguati nei confronti dei propri figli, un eventuale atteggiamento troppo permissivo o troppo impositivo, quando sono marcati, denunciano l'incapacità dell'adulto di accettare il confine gerarchico tra sé e i propri figli.

In questo caso i neo-genitori non riescono ad attuare il salto generazionale, che essendo molto di più di un'assunzione di ruolo, è l'acquisizione di una nuova relazione con un'incidenza cruciale nella definizione della propria identità.

---

[19] Laing R.,(1972), *Io diviso, studio di psichiatria esistenziale*, Torino, Einaudi

L'accettazione di una nuova generazione significa che il sistema famigliare deve saper tollerare le modificazioni, anche strutturali, che ne conseguono. Si tratta cioè, in termini di regolazione delle distanze, di far spazio al bambino nel sistema famigliare e vedere quale tipo di posto gli sarà assegnato nello spazio mentale della famiglia.

Nell'attuale panorama di valori oscillanti e continuamente rimessi in discussione ciò che appare comunque stabile e immutato sembra essere il significato che il figlio assume.

Non esiste, probabilmente, per l'essere umano un'esperienza più profonda e coinvolgente della nascita di un figlio: il figlio irrompe nella coppia e vincola in maniera indelebile il legame genitoriale che si viene a costituire.

Si può mettere fine a qualsiasi rapporto, tranne che all'essere genitore.

Passare dall'essere solo coniuge ad essere anche genitore è, perciò, una transizione chiave del ciclo della vita della famiglia, attraverso la quale per la prima volta, il sistema famigliare diviene definitivo.

Con il passaggio alla fase genitoriale, la famiglia si trasforma in una triade che assume per la prima volta l'immagine di un sistema permanente. Se uno dei coniugi di una coppia senza figli lascia la casa, il sistema non esiste più, ma se una persona si distacca dalla nuova triade formata dalla coppia e il bambino, il sistema continua a esistere. Così, dal punto di vista simbolico e reale, questa transizione rappresenta un momento chiave del ciclo di vita della famiglia.

Il figlio, espressione concreta della progettualità della coppia, non solo fa operare a due partner il passaggio dalla diade alla triade, ma provoca un più profondo ordinamento della diade stessa.

La presenza di un terzo polo che rompe e modifica la primitiva struttura diadica, infatti, offre alla coppia un riferimento comune, che permette di evitare il pericolo di un narcisismo a due.

Con la nascita del primo figlio la storia famigliare si arricchisce della presenza di un'altra generazione.

Occorre riflettere sulla portata intergenerazionale di questo evento. La nascita di un figlio infatti si può definire l'evento critico per eccellenza perché, provocando l'entrata in scena di una nuova generazione, obbliga ad una ridefinizione delle relazioni familiari e una conseguente nuova distribuzione dei ruoli.

La nascita di un bambino dà luogo a nuove posizioni e nuovi ruoli per tutti i membri della famiglia: i coniugi diventano anche genitori, i genitori anche nonni, i fratelli dei genitori anche zii. Da questa nuova posizione gerarchica, i neo genitori svolgeranno quella funzione di continua copertura, di cui il bambino piccolo ha bisogno.

Due sono gli aspetti fondamentali: fornire affetto e dare contenimento, nella direzione della crescita attraverso il rispetto delle norme. In altri termini, vanno garantiti gli aspetti protettivi tipici del codice materno e gli aspetti emancipativi tipici del codice paterno.

Lo scopo di infondere al bambino, vitalità, calore, fiducia, stima, il senso di ciò che è bene e ciò che è male, lo pone di fronte al limite aiutandolo a riconoscere la realtà esterna, fisica e sociale nella quale deve inserirsi e dare il suo costruttivo contributo.

È interessante notare come questi due poli del rapporto adulto e bambino siano compresenti ed ineliminabili; l'accentuazione di uno solo di essi causa una relazione distorta, caratterizzata da iperprotettività, più diffusa, peraltro, nelle famiglie con un buon livello di benessere.

All'ipertrofia dell'affetto senza la legge, si contrappone purtroppo ancora molto spesso, l'ipertrofia della legge senza affetto, i recenti contributi della psicologia dell'età evolutiva ci aiutano in questa comprensione. Essi mostrano come, fin dai primi mesi di vita, il bambino possieda un'innata predisposizione sociale.

"Tra genitore e figlio si instaurerebbe, sin dalla nascita, un dialogo reciproco basato sia sulla sincronizzazione dei comportamenti, sia sulla sintonizzazione degli affetti".[20]

Il bambino dimostra di possedere una sorprendente competenza sociale, o meglio, competenza famigliare, molto precocemente. Per la particolare natura delle relazioni familiari, per la loro intensità e pregnanza di senso, il bambino è spinto ad apprendere ed è stimolato ad introdursi nell'universo interpersonale, con leggi che regoleranno le sue motivazioni nell'agire.

Il desiderio, la curiosità, il piacere di partecipare come soggetto attivo nelle interazioni familiari diventa così una molla potente per lo sviluppo conoscitivo, emotivo, cognitivo e sociale.

In questi ultimi anni poi la ricerca nell'ambito della teoria dell'attaccamento si è aperta ad una prospettiva intergenerazionale. Si è così verificata l'esistenza di una correlazione fra il tipo di attaccamento instaurato dai genitori nella loro infanzia, e il tipo di attaccamento effettivamente realizzato con i loro figli.

Vale a dire che la presenza più o meno di modelli operativi sicuri attraversa le generazioni e diventa una sorta di stile relazionale familiare e, in certa misura, sociale.

La capacità di distinguersi, o di differenziarsi, diventa infatti fondamentale quando è necessario fare spazio a una terza presenza che ha diritto di occupare un posto e non può limitarsi a riempire un vuoto o a soddisfare unicamente un'esigenza del genitore. Le dinamiche di coppia, dunque, in presenza dei figli, si intrecciano più sottilmente con un gioco di ruoli genitoriali.

Terapeuti appartenenti a scuole molto diverse sostengono che, quanto più la relazione coniugale tende a non costruire un sottosistema per alcuni aspetti autonomo, capace di evolvere e gestire risorse e conflitti e di trattare gli affetti, tanto più l'asse genitori-figli ne risulta inquinato.

Quando i coniugi non sono in grado di costruire una solida alleanza tra di loro, assistiamo a fenomeni quali *la triangolazione*, descritta, tra gli altri, da Hallen e Bowen nel 1980, come "*un triangolo perverso, nel quale si*

---

[20] Stern D. ,(1992), *Il mondo interpersonale del bambino,* Torino, Bollati Boringhieri

attua una coalizione di un coniuge con un figlio contro l'altro coniuge"[21].

Franz Kafka scriveva: *" di fronte a me avevo nel vostro matrimonio un modello sotto molti aspetti esemplare, per fedeltà, reciproco aiuto, prolificità. E anche quando i figli crebbero, turbando sempre più la pace domestica, il matrimonio come tale non ne riportò danno".*

Un evento trasformativo non solo dell'intero assetto del quotidiano, ma del clima interiore di ciascun membro della coppia e della stessa relazione che la cementa.

Un evento che esalta la Noità, e che vivifica coloro che ne sono i destinatari. La madre ha ora un peculiare centro di interesse che l'ha polarizzata su di sé, sulle lente trasformazioni del suo corpo, sulle fantasie, talora anche angoscianti, di cui già investe questa nuova e misteriosa condizione che intimamente le appartiene ma che sa, fin dall'inizio, altra da sé.

Analogamente a quel fenomeno che si instaura all'inizio di un incontro d'amore, la gestante con l'esperienza diretta del suo organismo, riconosce sin dall'inizio, la presenza di acqua al suo interno di un altro essere, che è come un corpo estraneo, almeno per quella porzione che gli deriva dal padre.

In ragione di ciò è come se si sentisse minacciata da questa presenza "altra" e volesse sbarazzarsene.

Il fenomeno del "vomito" segnala infatti l'intenzione del corpo di liberarsi di un fardello troppo dissimile da sé mentre esistono, invece, tutte le condizioni psicosomatiche per l'accoglienza. Il corpo della madre lavora per adattarsi a questa nuova presenza attraverso una graduale reciproca assimilazione tra sé e l'embrione. Quando le cose prendono questa direzione, il corpo della madre non si sente più in pericolo. La gravidanza segue serena il suo corso.

---

[21] Bowen M., (1980), *Dalla famiglia all'individuo. La differenziazione del sé nel sistema familiare*, Roma,
Astrolabio

Che ne è del padre in un simile frangente? Il costume tradizionale lo ha tenuto, in realtà, ai margini. Egli stesso è come se avesse sempre scelto di tenersi in disparte, quasi in colpa per quanto viveva e doveva subire la sua compagna a causa della sua gravidanza.

Oggi però, le cose per fortuna, stanno cambiando. Il padre è più presente e attivo, accanto alla sposa, per tutta la durata della gestazione. Egli sente profondamente quest'esperienza che accompagna fino all'espletamento del parto a cui, sempre più frequentemente, assiste.

I genitori responsabili sono sempre più consapevoli che una gravidanza non è casuale. Essa è un progetto elaborato insieme e vi partecipano con un coinvolgimento e una intensità che non grava più soltanto sulle spalle della madre.

Non sempre, purtroppo, possiamo però rilevarlo. Se, ad esempio, nell'immaginario materno il bambino nel seno è già soltanto il "suo bambino", si può prevedere che egli già si costituisca come il terzo che scalzerà il padre.

"Un giorno lontano ci capitò di sentire un saluto che un amico sapiente rivolse a due genitori dopo la nascita del loro primo bambino. Egli così si espresse: ora questo bambino che è nato saprà come crescere nella vita. Ma intanto vi restituisce a voi due. Egli non vuol essere un ostacolo al vostro dialogo, alla vostra intesa né al primario interesse l'uno per l'altro."[22]

Riformulando la gerarchia degli affetti, degli interessi e dei compiti, quel bambino avrebbe avuto bisogno di cure, di tenerezza, di amore, ma se queste non fossero scaturite da quella sorgente primigenia che è la noità, avrebbe ricevuto cure, tenerezza e amore spuri.

---

[22] Brutti C., Brutti R., (1998), *La coppia come Noità, una sfida per un tempo di crisi,* Assisi, Cittadella Editrice, pagg.104-105

Ora sappiamo che ogni volta che si produce tale squilibrio si determina un serio sbilanciamento affettivo della coppia e si configura nel contempo il rischio gravissimo nascosto nel sentimento di possesso esclusivo del bambino da parte di uno solo dei genitori.

Se invece, uno della coppia entra in quella dinamica che porta lentamente all'esclusione dell'altro genitore, su quel figlio grava un'ipoteca che gli impedirà di muoversi con libertà per le sue scelte affettive, né, qualora riuscisse a sposarsi, potrà assumersi liberamente e gioiosamente l'onere di attendere con la sua sposa alla realizzazione del loro ideale di coppia.

Molti autori convengono che il costruirsi di una situazione triangolare rappresenta la principale ragione del dissesto della coppia nel nostro tempo. Si nasconde un fraintendimento di fondo.

A rigor di termini, infatti, non si potrebbe parlare di coppia e di un terzo, perché si è terzi rispetto a due, e quindi non rispetto a una coppia a meno che quest'ultima non venga intesa già scissa in due unità distinte, una delle quali si rapporta a un'altra.

Potremmo cioè dire che, quando nell'orizzonte di una coppia si affaccia un'altra figura indicata come terzo, questi si relaziona, di fatto, solo ad uno dei partner con il quale stabilisce un nuovo asse. È l'altro allora a diventare inevitabilmente il terzo, l'escluso.

Talora si viene a contatto con una situazione di coppia in cui uno dei membri si rapporta in maniera esclusiva ad un figlio. Quando ciò si verifica, "*le tre figure di quel nucleo si collocano sullo stesso piano, sovvertendo la naturale asimmetria, del rapporto genitori-figlio*".[23]

---

[23] Brutti C., Brutti R., (1998), *La coppia come Noità, una sfida per un tempo di crisi,* Assisi, Cittadella Editrice, pagg.102-103

L'anomalia di tale improprio assetto non è senza conseguenze. Essa, per esempio, può rinforzare la rivendicazione del figlio di avere, nei confronti del genitore che lo elegge, gli stessi diritti dell'altro genitore. Diritti che quest'ultimo, secondo la logica del suo desiderio, gli usurperebbe.

Risulta evidente il riferimento alla nota fantasia infantile che è stata illustrata da Freud a partire dal mito di Edipo.

2.3 L'influenza delle storie personali

Amore Autocentrico ed Allocentrico: in famiglia i figli si formano la prima idea del rapporto uomo e donna, dell'amore, del matrimonio. Molte ricerche hanno dato spicco al nesso tra infanzia felice, implicante buoni rapporti con i coniugi e successo matrimoniale.

Per Bowlby, garanzia della felicità matrimoniale è un'infanzia priva di conflitti con la madre. Conviene tuttavia aggiungere, che quest'ultimo fattore va integrato con la presenza del padre.

Gli uomini e le donne apprendono ad amarsi coniugalmente già a partire dai primi anni di vita, importanti per la preparazione del loro amore di adulti.

In una famiglia ordinata, i figli scoprono che l'amore coniugale e parentale è destinato a informare la loro condotta e a modellare ogni altra relazione intersoggettiva.

Si accorgono che la comunità domestica è retta da un amore disinteressato: in essa infatti si subordina il bene del singolo a quello dell' insieme, altre volte tutti si impegnano per chi è in difficoltà. La famiglia diventa allora palestra di sacrificio, di disponibilità, di oblatività, requisiti indispensabili alla maturazione e a qualsiasi tipo di vocazione umana.

"Le analisi sia filosofiche sia psicologiche convergono nel descrivere

l'amore come l'espressione della totalità della persona: quello che i figli possono osservare in modo privilegiato solo in casa".[24]

L'amore, nei soggetti che si auto realizzano diventa per i figli una scuola continua per l'educazione al sentimento e all'affettività: nei suoi aspetti percettivi, rileva A.H. Maslow, si trovano: l'inizio della storia della coppia e la fine. Se così è, i figli mentre crescono, hanno di fronte modelli di comportamento sempre più incisivi. La sua ricerca longitudinale mostra però che le persone sane dedite all'autorealizzazione sono una minoranza.

Nella maggior parte dei casi, quindi, i figli non possono giovarsi della forza avvincente dell'amore oblativo, ma rimangono vittime delle deviazioni, degli affetti captativi, delle motivazioni infantili dell'amore.

Nelle loro scelte i figli sono condizionati dall'insegnamento e dall'agire dei genitori; inoltre, l'orientamento perseguito da loro si ripercuoterà sulla valutazione dei problemi centrali della vita, sull'azione svolta in difesa dell'uomo, sul modo di intendere l'attività sociale.

Tra la varietà dei tipi di unione oggi visibili nei mass media e nella realtà, ognuno di noi tenta, a livello di desideri consapevoli, di costruirsi quello che attrae di più. Spesso, però, incontriamo ostacoli a due livelli cruciali. Abbiamo visto che le nostre preferenze sono in larga parte culturalmente determinate, e spesso non scegliamo il tipo di unione al quale ci si adatta meglio, ma quello più in voga tra i nostri gruppi di riferimento.

Può capitare, pertanto, che si scelga il matrimonio in chiesa o all'opposto la convivenza, un matrimonio a doppia carriera o uno tradizionale, pur aspirando ad un altro tipo di unione.

Oltre al conflitto tra desiderio consapevole e necessità di adeguarsi a mode sociali, spesso quello che pensiamo di volere a livello consapevole

---

[24] Scholè XX Convegno, (1982), *Educazione familiare e cambiamento culturale*, Brescia, La Scuola, pagg.

52 - 53

è in contraddizione con i bisogni che abbiamo a livello inconscio.

Analisti e terapeuti di coppia sono convinti che noi scegliamo i nostri partner in base a motivazioni che risiedono nel nostro passato. In particolare, spesso scegliamo partner che ci permettono di continuare a esplorare un'area-problema sviluppata con una persona significativa, di solito un genitore, nella nostra prima infanzia.

Questo fa parte d'una coazione a ripetere che ci costringe a ri-esplorare con i partner adulti i vissuti, le problematiche, le soddisfazioni sperimentate nei nostri primi rapporti di odio- amore nell'infanzia.

La coazione a ripetere è ancora più forte quando i primi rapporti non sono stati sufficientemente buoni. In questo caso, secondo gli analisti più accreditati, innamorarsi rappresenta un tentativo di guarigione, ci reinventa una situazione emotiva simile a quella vissuta nell'infanzia sperando in un esito diverso. I terapeuti transazionali chiamano questo processo il copione di vita.

"Portiamo con noi, nel matrimonio, i desideri inconsci e i compiti non ultimati dell'infanzia e, sospinti dal passato, avanziamo nel rapporto delle richieste senza esserne consapevoli. Perché nell'amore coniugale cerchiamo di recuperare l'amore dei nostri primi desideri, di trovare nel presente le figure dei tempi andati, il genitore, l'amore incondizionato della madre dell'infanzia. È l'unità simbiotica dove il proprio sé e quello dell'altro si fondono com'era già successo una volta. Nelle braccia del nostro vero amore lottiamo per unire gli scopi e gli oggetti del passato desiderio e a volte odiamo il nostro compagno per l'incapacità di soddisfare questi antichi impossibili desideri. Lo odiamo perché non ha posto fine alla nostra separatezza".[25]

Secondo Kohut "*le nostre relazioni con gli altri possono essere compresi a seconda che amiamo gli altri in quanto tali o in quanto parte di noi stessi"; tuttavia non esiste l'amore maturo nel quale l'oggetto d'amore non sia anche un "oggetto-sè. "Non esiste relazione d'amore senza un*

[25] Francescato D., (1992), *La coppia come Noità, una sfida per un tempo di crisi,* Assisi, Cittadella Editrice,
pagg.102 -103.

reciproco rispecchiarsi idealizzato".[26]

Quando il rapporto si logora o finisce, questo gioco di specchi diventerà negativo, distruttivo e i partner scoprono, smarriti, tutte le meschinità, i difetti e il male di cui ognuno è capace.

Secondo Baldaro Verde, "*a livello inconscio la scelta d'un partner può avvenire come una scelta oggettuale*": [27]

a) - *d'appoggio.* Una persona è fissata in un ruolo infantile di dipendenza e vuole un partner genitore. È la scelta più frequente tra le donne.

b) - *narcisistica.* Il partner rappresenta una parte di sé dell'oggetto; la persona che sceglie si identifica come una figura genitoriale e proietta sul partner i bisogni del sè bambino. In questo modo è in una posizione di potere sull'altro. È la scelta più frequente tra gli uomini.

c) - *mista.* La persona sceglie come partner la persona con le caratteristiche che desidererebbe possedere.

d) - *centrata sul legame con l'oggetto.* Questa scelta è effettuata da chi ha raggiunto la capacità di un rapporto simmetrico di scambio, in cui sono presenti attrazione sessuale e concordanza di valori e progetti.

Sicuramente ci si porta appresso tutta una serie di condizionamenti che provengono dalle nostre storie personali infantili, che guidano a livello inconscio le nostre scelte verso il partner ideale, alla ricerca di una storia soddisfacente e significativa.

Inoltre, le aspettative sociali, culturali ed individuali e le motivazioni consce ed inconsce di un'unione cambiano a seconda del momento del ciclo vitale attraversato dal sistema familiare.

Secondo Willi, "*all'interno di un'esperienza matrimoniale si attraversano quattro passaggi critici di maturazione relazionale*": [28]

---

[26] Kohut H., (1976), *Narcisismo e analisi del Sé*, Torino, Bollati Boringhieri

[27] Baldaro Verde J., Pallanca G., (1984), *Illusioni D'Amore,* Milano, Cortina.

[28] Willi J. , 1986, *La Collusione di Coppia,* Milano, Franco Angeli

a) - *fase della formazione della coppia stabile* (svincolo dalle famiglie d'origine, raggiungimento di un'autonomia economica affettiva sociale);

b) - *fase di costruzione produzione* (consolidamento dell'identità della coppia eventuale passaggio al ruolo di genitori, cambiamento delle regole iniziali per far fronte a mutate aspettative individuali).

c) - *crisi della mezza età* (crescita e svincolo dei figli e l'elaborazione del lutto per la perdita del sé giovanile, da coppie di genitori a coppia di individui).

d) - *matrimonio nell'età anziana* (malattia, morte, invecchiamento singolo e di coppia).

Vista la complessità delle variabili che ci portano a unirci è facile intuire quanto sia difficile star bene insieme a lungo.

2.3 I neuroni specchio: un potenziale limite inconscio all'educazione dei figli

La scoperta, relativamente recente, dei neuroni specchio riveste un ruolo importante non solo in relazione all'apprendimento del bambino, ma anche ai fini dell'accordo che i genitori possono tra di loro trovare sulla tipologia di educazione da impartire ai propri figli e, di conseguenza, anche sul modo tramite il quale mettere in pratica tale scelta e, soprattutto, sulla capacità di mantenere fede alle buone intenzioni teoriche.

Giacomo Rizzolatti e Lisa Vozza affermano: *" il cervello controlla tutto quello che facciamo, sia quando agiamo volontariamente sia quando compiamo un'azione senza esserne consci: non c'è infatti atto, idea, emozione che non abbia alla base dell'attività delle cellule nervose; e tutte le immagini, i suoni, gli odori e le altre sensazioni provenienti dall'ambiente esterno sono determinati dalla loro attività".*[29]

L'insieme dei neuroni e dei loro collegamenti costituisce un organo estremamente complesso che prende il nome di sistema nervoso, composto di due parti: il sistema nervoso centrale e il sistema nervoso periferico.

Considerando, innanzitutto l'occhio e quindi la vista, nella corteccia visiva i neuroni sono disposti in modo ordinato in colonne sensibili all'orientamento degli stimoli. Alcune colonne dipendono dall'occhio di destra e sono sensibili a stimoli orientati orizzontalmente, altre sono collegate all'occhio di sinistra e si attivano per stimoli orientati verticalmente. Le colonne sono ulteriormente organizzate in super colonne, ciascuna delle quali codifica un punto specifico della retina e tutti i possibili orientamenti e tutte le risposte.

L'insieme delle super colonne fornisce la base per la ricostruzione dell'immagine nella sua interezza. La collezione di forme e segni

---

[29] Rizzolatti G., Vozza L., (2012), *Nella Mente degli Altri,* Bologna, Zanichelli

ricostruiti dei neuroni nella corteccia visiva, nel suo insieme, costituisce una sorta di repertorio a cui cervello attinge per analizzare, interpretare e ricostruire le immagini provenienti dal mondo esterno.

La scoperta dei neuroni a specchio da parte del dottor Giacomo Rizzolatti, è avvenuta tramite un episodio di serendipità, all'Università di Parma, agli inizi degli anni 90.

Rizzolatti e la sua equipe erano alle prese con lo studio sui neuroni motori. In un laboratorio c'erano noccioline americane ed alcuni macachi. Si sa che le arachidi fanno gola a tutti, compresi i dottori. Così capitò che per caso uno di questi dottori portando alla bocca alcune di queste noccioline sentì l'attività neuronale dei macachi "sparare".

Nel corso di questi esperimenti si scoprì che esistono dei neuroni che si attivano sia quando la scimmia compie una certa azione, sia quando essa osserva la medesima azione effettuata da un suo simile o da uno sperimentatore.

A questo punto la domanda che viene spontanea è: azioni che non coinvolgono oggetti, come i gesti, sono in grado di attivare i neuroni specchio nell'uomo?

I risultati hanno dimostrato che l'osservare due azioni, coinvolgenti un oggetto oppure no, determina un aumento dei potenziali elettrici evocati dei muscoli dell'osservatore.

L'esperimento di Rizzolatti ha dimostrato che l'attivazione era presente solo nei muscoli corrispondenti a quelli usati dai volontari nei loro movimenti, il risultato più interessante era, quindi, che un'attivazione dei neuroni specchio era presente non soltanto per le azioni *transitive*, (dirette a oggetti), come si osserva nella scimmia, ma anche per quelle intransitive, (non dirette ad oggetti).

L'uomo è un animale sociale e la sua sopravvivenza dipende anche dalla sua capacità di leggere le emozioni degli altri. In alcune situazioni le emozioni possono infatti segnalare le intenzioni, buone o cattive, di altre persone.

Come fanno gli essere umani a comprendere le emozioni degli altri? Ci sono più modi possibili, uno di questi passa attraverso un'elaborazione cognitiva e logica dell'emozione altrui: se per esempio osserviamo una persona commossa, possiamo immaginare il sentimento che quella persona sta provando attraverso una deduzione razionale, che però non ci fa vivere la medesima sensazione.

Oppure lo stato emotivo di una persona può trovare una corrispondenza diretta nell'osservatore?

In questo caso l'osservatore prova la stessa emozione della persona osservata, e si parla di empatia.

L'empatia è un argomento ampiamente esplorato dalla filosofia e dalle scienze sociali.

Solo di recente, però, è stato dimostrato sperimentalmente che l'osservazione di un'emozione altrui può determinare, in chi la osserva, l'attivazione della stessa regione corticale che è attiva in colui che prova quell'emozione.

Altri esperimenti sul dolore diretto osservato, hanno attivato nei volontari le stesse regioni della corteccia, fra cui l'insula anteriore e il cingolo rostrale.

In base ad altre ricerche preliminari sembra che anche le emozioni sociali, come l'imbarazzo o l'umiliazione, provochino simili attivazioni, e l'umiliazione, in particolare, sembra attivare le stesse regioni corticali coinvolte in caso di dolore fisico.

Noi umani siamo, dunque, in grado di sentire sensazioni ed emozioni altrui attraverso un meccanismo specchio, che è capace di ritrovare e attivare una sorta di stampo emotivo nella nostra corteccia cerebrale.

Il discorso sui neuroni a specchio è molto vasto ma, ai fini di questa tesi, è interessante il fatto che questa recente scoperta ha aperto sicuramente nuove frontiere psicologiche, abbattendo alcuni falsi miti ed avvalorando nuove tesi su sistemi di apprendimento e di imitazione.

Quando due coniugi discutono tra di loro, il bambino che osserva, apprende ed immagazzina nuove cognizioni ed esperienze, attraverso le quali costruirà, all'interno di sé, la sua visione del mondo e dei rapporti sociali, nonché delle dinamiche che governano il mondo degli adulti.

Quando invece è un adulto a riprendere un bambino in presenza di un altro adulto, l'osservatore avrà sensazioni ed emozioni che passeranno necessariamente attraverso le sue nozioni cognitive, i suoi vissuti, le sue emozioni e quindi inevitabilmente anche attraverso i suoi neuroni specchio dai quali riceverà stimoli ed emozioni empatiche che condizioneranno in maniera positiva o negativa la sua capacità di essere obbiettivo nei confronti di ciò che sta accadendo nonché la sua analisi della realtà.

Potrebbe essere quindi compromessa la sua capacità di reagire o meno, di fronte all'adulto, o coniuge, che sta in quel momento riprendendo il bambino per qualcosa che non doveva essere fatta.

I neuroni specchio hanno in questo caso un'importante funzione nel modo di vivere l'emozione dell'adulto osservante.

L'empatia che si viene a generare tra l'osservatore ed il bambino ripreso, potrebbe essere una causa scatenante di contrasto con l'altro adulto.

Il modo, le parole, il concetto, espresso dall'adulto per educare il bambino a non compiere un'azione pericolosa, potrebbero suscitare, nell'altro adulto osservante, emozioni e stati d'animo non facilmente sopportabili a causa di una forte empatia instauratasi con il bambino.

Queste sensazioni non sono necessariamente legate all'azione osservata, bensì ai propri vissuti.

Ciò fa parte della teoria neuronale specchio che coinvolge le emozioni e non le azioni.

"*Il riconoscimento di questo fraintendimento psicologico renderebbe, secondo alcuni, sicuramente più facile l'attuazione di strategie educative, che non mettano in contrasto i due coniugi ma, al contrario, possano essere di aiuto e di armonizzazione nell'educazione dei figli*".[30]

Secondo Bowlby gli individui, nel corso dell´interazione col proprio ambiente, costruiscono dei Modelli Operativi Interni (MOI), o Internal Working Models, del mondo fisico e sociale che li circonda, che comprendono i Modelli Operativi di sé e delle figure di accudimento, nonché quello di sé-con-l´altro.

I MOI sono rappresentazioni mentali che hanno la funzione di veicolare la percezione e l´interpretazione degli eventi da parte dell´individuo, consentendogli di fare previsioni e crearsi aspettative sugli accadimenti della propria vita relazionale.

"*Tali rappresentazioni non sono costruite dall´individuo come copie esatte del mondo reale, bensì come strutture mentali che contengono le diverse configurazioni (spaziale, temporale, causale) dei fenomeni del mondo e che possono essere modificate dal soggetto, da qui la scelta dei termini Modello e Operativo che suggeriscono rappresentazioni sulle quali un individuo può mentalmente operare per generare predizioni*" [31]

La funzione che i MOI assolvono è quella di consentire all´individuo di analizzare le diverse alternative della realtà, di optare per quella ritenuta migliore, di reagire alle situazioni future prima che queste si presentino, di utilizzare la conoscenza degli eventi passati per affrontare quelli presenti e di scegliere una modalità di azione ottimale in relazione agli eventi.

Essi permettono dunque al bambino, e poi all´adulto, di prevedere il comportamento dell´altro e ne guidano le risposte, soprattutto in situazioni di ansia o di bisogno.

Per quanto riguarda lo sviluppo dei MOI, Bowlby fa riferimento alla teoria dello sviluppo senso-motorio di Piaget ed ai relativi processi di assimilazione, (secondo il quale gli schemi comportamentali del bambino, inizialmente "vuoti", necessitano dell´ambiente come

---

[30] Rizzolatti G., Vozza L., (2012), *Nella Mente degli Altri,* Bologna, Zanichelli

[31] Simonelli A., Calvo V., (2002), *L'attaccamento: teoria e metodi di valutazione*, Roma, Carocci

nutrimento), e di accomodamento, (che entra in gioco nel momento in cui il bambino fa degli sforzi per applicare lo schema), descritti dall'autore.

Attraverso le interazioni con l'ambiente, infatti, il bambino sviluppa una serie di schemi, all'interno dei quali possono essere incorporate esperienze. Allo stesso tempo, gli schemi possono continuamente essere ridefiniti ed accomodati sulla base dei cambiamenti della realtà esterna, tra i quali l'ambiente relazionale con la figura di attaccamento che muta col mutare dello sviluppo del bambino.

Bowlby riteneva che, nel corso dello sviluppo senso-motorio, il bambino sia in grado comprendere le relazioni nel contesto delle ripetute interazioni con le figure di accudimento. Tali forme embrionali di rappresentazione di sé-con-l'altro mettono in grado il bambino di riconoscere gli schemi transazionali e quindi di anticipare ciò che la figura di attaccamento molto probabilmente farà.

Con lo sviluppo della memoria rievocativa, essendo il bambino, in grado di capire che gli oggetti, genitori compresi, continuano ad esistere anche al di fuori del proprio campo visivo, i modelli operativi cominciano a diventare intenzionali e possono cominciare ad essere usati per creare e valutare semplici piani di attaccamento, ad esempio cercare una figura assente.
Nei primi anni di vita, dunque, i MOI sono relativamente aperti al cambiamento, in relazione al mutare della qualità dell'interazione con le figure di accudimento, ma non possono rimanere in una condizione continuamente fluttuante. Già nel corso dell'infanzia cominciano a solidificarsi, in modo tale da operare a livello inconscio, fino a diventare caratteristiche della personalità del soggetto più che della relazione, così da rendersi disponibili nell'adolescenza e in età adulta come gamma di modelli gerarchicamente organizzati e riferiti a differenti aspetti della realtà.

2.4 Parlo io o parli tu? Gli assiomi della comunicazione e le loro disfunzioni

Non è inusuale assistere a discussioni sui figli e sulla loro educazione. Altrettanto spesso, assistere a discussioni dove la parola viene continuamente rubata all'altro, interrompendolo o cercando di sovrastarne il tono con un maggiore volume, o contraddicendolo continuamente. Purtroppo, ciò accade spesso anche in presenza dei figli.

Difficile è stare ad ascoltare l'altro che sta cercando di spiegare le sue ragioni sulle quali non si è minimamente d'accordo. Il primo impulso è ovviamente quello di fermarlo subito, interrompendolo e cercando di far valere la propria idea. Tutto ciò, non fa altro che favorire un "duello verbale", iniziando una serie di contrasti ed opposte visioni, per le quali ben difficilmente si potranno trovare punti di intesa o di mediazione.

Ognuno si sentirà irrimediabilmente attaccato nella sua posizione, o peggio, incompreso nel suo modo di ragionare e quindi di essere.

Dando per assunti gli assiomi della comunicazione di Watzlawich, Beavin e Jackson, nel loro lavoro sulla Pragmatica della Comunicazione Umana, la visione è di considerarli ora sotto l'aspetto della "mancata" comunicazione e/o comunicazione distorta che si viene a creare tra i coniugi che hanno o, credono di avere, un problema.

1°) - "*E' impossibile non comunicare*",[32] assume qui un importante connotazione, specialmente in presenza di due persone il cui grado di conoscenza è mediamente profondo e che vivendo insieme dovrebbero saper valutare, l'uno dell'altro, sfumature del non-verbale, anche sottili.

Un'alzata di sopraciglio dopo una lite potrebbe assumere la stessa valenza di un intero discorso svalutante e riaccendere la polemica, come per altro può valere un affettuoso assenso riappacificatore.

---

[32] Watzlawick P,, Beavin J., Jackson Don D., (1971), *Pragmatica della Comunicazione Umana,* Roma,
Astrolabio

Essendo impossibile, quindi, non comunicare, in questo contesto varrebbe la pena di cercare di farlo nel modo giusto trovando una soluzione, magari di compromesso ragionevole per entrambi che possa soddisfare le aspettative ed i desideri.

2°) – *"Le relazioni hanno un aspetto di contenuto ed uno di relazione ed è il secondo che classifica il primo"*.[33]

A spiegazione della destabilizzazione di alcuni eventi discorsivi tra coniugi o coppie, in generale osserviamo che le relazioni soltanto di rado sono definite deliberatamente o con piena consapevolezza.

"In realtà, sembra che quanto più una relazione sia spontanea e sana, tanto più l'aspetto relazionale della comunicazione recede sullo sfondo.

Viceversa, le relazioni malate sono caratterizzate da una lotta costante per definire la natura della relazione, mentre l'aspetto di contenuto della comunicazione diventa sempre meno importante.

La capacità di metacomunicare in modo adeguato, non solo è la "conditio sine qua non", della comunicazione efficace, ma è anche strettamente collegata con il grosso problema della consapevolezza di sé e degli altri".[34]

Disfunzioni su questo aspetto sono ricorrenti negli alterchi a due durante i quali, spesso, non si riesce ad essere sufficientemente coscienti del fatto che una "notizia" porta sempre e comunque con sé un "comando", che l'altro percepisce comunque, anche se inviato senza intenzionalità. Classico l'esempio del cartello con sopra scritto: *"Ignorare questa indicazione"*.

Troviamo che esiste anche qui lo stesso rapporto tra l'aspetto di notizia e quello di comando: il primo trasmette i dati della comunicazione, il secondo il modo con cui si deve intendere tale messaggio.

---

[33] Watzlawick P,, Beavin J., Jackson Don D., (1971), *Pragmatica della Comunicazione Umana,* Roma,
Astrolabio

[34] Ibid.

Le frasi: "*questo è un ordine*", oppure, "*sto solo scherzando*", sono esempi di comunicazione sulla comunicazione, ma si può esprimere la relazione anche in modo non verbale, (guardando, sorridendo, eccetera). Il contesto in cui ha luogo la comunicazione servirà a chiarire ulteriormente la relazione.

3°) – Un'altra caratteristica fondamentale della comunicazione che vogliamo osservare riguarda l'interazione, ovvero lo scambio di messaggi, infatti un osservatore esterno può considerare una serie di comunicazioni come una sequenza ininterrotta di scambi.

Coloro che partecipano alla interazione introducono sempre qualcosa di importante. Ciò è rappresentato dalla *"punteggiatura della sequenza degli eventi"*[35].

È anche vero che in una lunga sequenza di scambio, gli organismi coinvolti, soprattutto se si tratta di persone, in effetti punteggeranno la sequenza in modo che sembrerà che l'uno o l'altro abbia iniziativa, ascendente, che si trovi in posizione di dipendenza e così via.

In altre parole, stabiliranno tra di loro i modelli di scambio, su cui possono concordare oppure no, e questi modelli in realtà saranno le regole contingenti che concernono lo scambio di rinforzo.

Si trova alla radice di innumerevoli conflitti di relazione un disaccordo su come punteggiare la sequenza degli eventi.

"Supponiamo, appunto, che una coppia abbia un problema coniugale di cui ciascun coniuge è responsabile al 50%: lui chiudendosi passivamente in se stesso e lei brontolando e criticando. Quando spiegano le loro frustrazioni, l'uomo dichiara che chiudersi in se stesso è l'unica difesa contro il brontolare della moglie, mentre lei etichetta questa spiegazione come una distorsione grossolana e volontaria di quanto realmente accade nel loro matrimonio: vale a dire che lei critica il marito a causa della sua passività.

---

[35] Watzlawick P., Beavin J., Jackson Don D., (1971), *Pragmatica della Comunicazione Umana,* Roma, Astrolabio

Se li stronchiamo di tutti gli elementi effimeri e fortuiti, i loro litigi si riducono allo scambio monotono dei messaggi: " io mi chiudo in me stesso perché tu brontoli" e " io brontola perché tu ti chiudi in te stesso". Questo in terapia tradizionale sarebbe definito distorsione della realtà da parte di entrambe le persone".[36]

Nella destabilizzazione famigliare indotta dalla presenza di figli da educare e crescere al meglio, questo terzo assioma è preponderante, specialmente se nessuno dei due è disposto a mettere in discussione la propria "posizione" o idea.

Il rischio, molto realistico, è quello di rimanere arroccati sulle proprie posizioni in uno scambio di punteggiatura infinito e senza vie di risoluzione, che non possono far altro che logorare il rapporto minandolo alla base.

4° - *Comunicare in modo analogico o digitale?*[37] E' un interrogativo molto interessante anche perché gli esseri umani comunicano sia con il modulo digitale, che con quello analogico.

Il linguaggio numerico ha una sintassi logica assai complessa e di estrema efficacia, ma manca di una semantica adeguata nel settore della relazione, mentre il linguaggio analogico ha una semantica, ma non ha nessuna sintassi adeguata per definire in un modo che non sia ambiguo la natura delle relazioni.

Che cosa sia dunque la comunicazione analogica, ha in realtà una risposta abbastanza semplice: praticamente è ogni comunicazione non verbale. Questo, però, è un termine ingannevole perché spesso è riferito al solo movimento del corpo, al comportamento, noto come cinestesica.

Secondo gli autori della *Pragmatica della Comunicazione*, il termine invece deve includere le posizioni del corpo, i gesti, l'espressione del viso, le inflessioni della voce, la sequenza, il ritmo e la cadenza delle

---

[36] Watzlawick P., Beavin J., Jackson Don D., (1971), *Pragmatica della Comunicazione Umana,* Roma,
Astrolabio

[37] Ibid.

stesse parole, e ogni altra espressione non verbale di cui l'organismo sia capace, come anche i segni di comunicazione immancabilmente presenti in ogni contesto in cui ha luogo l'interazione.

Prendendo ad esempio il mondo animale, Konrad Lorenz, ha dimostrato che le localizzazioni, i movimenti di intenzione, i segni di umore degli animali, sono comunicazione analogica, mediante la quale essi definiscono la natura delle loro relazioni, piuttosto che fare asserzioni denotative sugli oggetti.

Si pone l'attenzione sul fatto che occorre, anzitutto, precisare che la comunicazione analogica non ha nulla di confrontabile con la sintassi logica del linguaggio numerico, il che vuol dire che nel linguaggio analogico non c'è nulla che equivalga agli elementi del discorso, che spesso hanno importanza vitale, "come", "se-allora", oppure "o-o" e molti altri, e che l'espressione di concetti astratti è difficile, se non impossibile, come lo era nella primitiva scrittura ideografica, dove ogni concetto si poteva rappresentare soltanto con un'immagine fisica.

Qualche esempio: ci sono lacrime di dolore e lacrime di gioia, l'atto di sferrare pugni si può interpretare come segno di aggressività oppure di costrizione, con un sorriso si può esprimere comprensione oppure disprezzo, la riservatezza può essere una manifestazione di indifferenza oppure di tatto. Insomma, arriviamo a chiederci quanto, se tutti i messaggi analogici hanno questa quantità curiosamente ambigua, possa essere facile il fraintendimento di un discorso o anche solamente di qualche parola chiave pronunciata.

In pratica quando una donna ed un uomo, decidono di legalizzare la loro unione con una cerimonia matrimoniale, si pongono un problema che continuerà a presentarsi per tutta la durata del loro matrimonio: ora che sono sposati stanno insieme perché lo vogliono o perché lo debbono?

5°) – Il quinto assioma della pragmatica della comunicazione, prende in analisi due interazioni tanto semplici quanto essenziali per la vita di coppia: *l'interazione complementare e quella simmetrica.*[38] È chiaro che

---

[38] Watzlawick P., Beavin J., Jackson Don D., (1971), *Pragmatica della Comunicazione Umana,* Roma,

molti sistemi di relazioni, sia tra individui che tra gruppi di individui, tendono ad un progressivo cambiamento.

L'interazione simmetrica è caratterizzata dall'uguaglianza e dalla minimizzazione del cambiamento e della differenza, mentre il processo opposto caratterizza l'interazione complementare. Nella relazione complementare si hanno due diverse posizioni.

Un partner assume la posizione che è stata descritta in vario modo come quella superiore, primaria o one-up, mentre l'altro tiene la posizione corrispondente: inferiore, secondaria, o one-down.

Questi termini ovviamente sono di grande utilità finché non vengono equiparati a buono o cattivo, forte o debole. Un partner non impone all'altro una relazione complementare, ma piuttosto ciascuno si comporta in un modo che presuppone il comportamento dell'altro, mentre al tempo stesso gliene fornisce le ragioni: sono quindi sempre calzanti le definizioni che essi danno della relazione.

Infine, dunque, l'impossibilità di non comunicare rende comunicative tutte le situazioni impersonali che coinvolgono due o più persone. L'aspetto di relazione di tale comunicazione specifica ulteriormente questo punto ed infine, il paradigma simmetria-complementarità è quello che si avvicina forse di più ad un concetto matematico di funzione, poiché le posizioni individuali sono delle semplici variabili con infiniti valori possibili, il cui significato non è assoluto, ma piuttosto emerge nella reciprocità del rapporto.

Questo non può che farci intuire, quanto complicate ed infinite, possono essere le variabili all'interno di un rapporto di coppia.

Abbiamo anche visto in precedenza, il cambiamento in un rapporto che si modifica da un numero di due, ad un numero di tre, non sia proporzionale, ma esponenziale, e che quindi le variabili in gioco aumentando semplicemente da due a tre, diventano esponenzialmente complicate da gestire.

È necessario quindi, di conseguenza, aumentare anche il livello di consapevolezza in modo esponenziale.

Un evento come una nascita di un figlio, che aumenta il numero dei componenti della famiglia da due a tre, è quindi per definizione un agente destabilizzante.

Anche in questo caso, il termine destabilizzante, non dev'essere interpretato in modo né positivo né negativo, ma semplicemente un fattore che è esterno alla stabilità della coppia, che si aggiunge cambiando i parametri del sistema.

Perché la comunicazione tra coniugi è un tale problema? E come si complica tale problema quando arriva un bambino?

"La comunicazione comporta uno scambio di informazioni, che possono essere relativamente impersonali. Possiamo vedere come esempio: "stanno per costruire una nuova autostrada fuori città", od anche più personali e legati alle emozioni: " oggi mi sento molto depresso". I messaggi inviati da chi parla non divengono comunicazione vera e propria finché qualcuno non li riceve e non risponde: "ci vorrà una vita per andare al lavoro mentre costruiscono l'autostrada", oppure, "mi dispiace che tu ti senta depresso".[39]

Come già citato in precedenza la comunicazione non avviene unicamente attraverso il linguaggio. Alzate di spalle, sbarrare gli occhi, avvicinarsi o allontanarsi anche impercettibilmente dall'altro possono rappresentare un commento a ciò che è stato detto allo stato attuale della relazione.

I ricercatori hanno generalmente indagato due generi di comunicazione di coppia: la risoluzione dei problemi e l'espressione delle emozioni. Il più delle volte l'esplosione di collera è dovuta a uno stallo nel processo del "Problem Solving", oppure all'essenza di una risposta simpatetica alle emozioni espresse.

Il corpus voluminoso delle ricerche e degli scritti divulgativi sul tema del

---

[39] Pape Cowan C., Cowan P. A., (1997), *Dall'alcova al nido. La crisi della coppia alla nascita di un figlio*,
Milano, Cortina, pag. 283

matrimonio contiene un'ampia varietà di spiegazioni del malessere coniugale.

In quasi tutte le teorie, *"le difficoltà di comunicazione sono considerate come deviazioni di una certa, di solito non specificata, immagine di coppia sana e funzionante. Universalmente riconosciuto che le difficoltà di comunicazione e il conflitto sono naturalmente inevitabili nelle relazioni umane intime, e dovrebbero essere interpretati come segnali del fatto che qualcosa, nel rapporto, necessita di attenzione, i matrimoni entrano in crisi quando i coniugi non trovano il modo di dialogare come dovrebbero dopo che sono avvenuti gli inevitabili conflitti e che è subentrata la frustrazione.*

Nei loro tentativi di stabilire una comunicazione soddisfacente, i partner devono affrontare tre sfide nascoste, indipendentemente dal fatto che siano o no genitori: trovare un equilibrio tra individualità e reciprocità; comprendere che ciascuno dei due può vedere le cose soltanto dal proprio punto di vista; tener conto delle loro inevitabili differenze nel modo di rivolgersi all'altro e di regolare l'emotività".[40]

Queste sfide sono nascoste perché influenzano il tono e il contenuto del dialogo in modi spesso inavvertiti dalle coppie. Quando i partner diventano genitori devono affrontare una quarta sfida nascosta: impedire che le discussioni sul bambino si mescolino con i loro conflitti individuali e coniugali essendo inconsapevoli del fatto che, per esempio, il disaccordo sull'opportunità di cedere alle richieste del bambino riflette tensioni irrisolte dovute alla tendenza di ciascuno dei partner ad averla vinta sull'altro.

Le coppie constatano spesso che le loro conversazioni prendono una strana piega e ciò le sorprende e confonde. Poiché il processo decisorio quotidiano è divenuto urgente e necessario, queste sfide nascoste nella comunicazione di coppia, rendono più probabile che i genitori perdano il proprio equilibrio che si sforzano di ristabilire.

---

[40] Pape Cowan C., Cowan P. A., (1997), *Dall'alcova al nido. La crisi della coppia alla nascita di un figlio,*
Milano, Cortina, pagg. 283 - 284

Per riassumere con le parole di Giorgio Nardone, "*esistono alcuni punti fermi che identificano il dialogo fallimentare*":[41]

- *Puntualizzare*
- *Recriminare*
- *Rinfacciare*
- *Predicare*
- *Te l'avevo detto*
- *Lo faccio solo per te*
- *Lascia... faccio io*
- *Biasimare*

Mentre, per contro esistono altrettanti punti che possono essere positivi per la strategia del dialogo al fine di trovare un punto d'incontro come per esempio:

- *Domandare anziché proporre o affermare.*
- *Chiedere verifica anziché sentenziare.*
- *Evocare sensazioni anziché spiegare.*
- *Agire anziché pensare di agire.*

Queste sono buone strategie di comunicazione per appianare conflitti nelle relazioni di coppia.

Vorrei infine concludere questo paragrafo con una citazione di Bertold Brecht che mi piace molto e che trovo calzante a questo proposito:

"L'intelligenza non è non commettere errori, ma scoprire il modo di trarne profitto."

---

[41] Nardone G., (2005), *Correggimi se sbaglio*, Milano, Ponte alle Grazie

2.5 Miti, storie, riti

Ognuno di noi è un individuo distinto con necessità di legami per sentirsi sicuro nel mondo.

Il problema che grava maggiormente sulle coppie è mantenere un equilibrio tra le esigenze di individualità e quelle di reciprocità.

Come possiamo realizzarci, seguire la nostra strada, senza isolarci e separarci dal partner? Come possiamo fondere le nostre vite, sentirci più uniti, al tempo stesso essere il genere di persone che vogliamo essere e che abbiamo bisogno di essere?

Mantenere legami di relazione e d'intimità sembra richiedere che si rinunci a qualcosa di essenziale per sé, cercare di realizzare le proprie aspirazioni e i propri sogni può comportare un aumento del conflitto e una diminuzione dell'intimità nel matrimonio.

Per quanto le coppie possono aver lottato con questo dilemma nel corso dei mesi o degli anni, il bisogno di risolverlo si fa più urgente dopo la nascita del primo figlio. Spesso, i compromessi che hanno funzionato bene in passato devono essere rinegoziati.

L'energia dei partner è limitata. L'investimento del proprio progresso personale sembra togliere qualcosa alle relazioni familiari. Il coinvolgimento nelle relazioni familiari sembra ridurre il tempo e le opportunità per il progresso individuale.

In queste dinamiche ed in questo meccanismo, giocano un ruolo importante i miti, le storie personali e i riti che i singoli componenti della famiglia, e la famiglia nel suo insieme, svolgono normalmente e riescono a mantenere nel corso del tempo.

I miti familiari svolgono un'importante funzione stabilizzatrice, sono parte integrante della storia personale, sono quello che si potrebbe chiamare uno " zoccolo duro", sul quale si fonda la personalità di ognuno dei componenti della famiglia.

Si ritiene che l'individualità e la reciprocità siano entrambe necessarie in una relazione sana.

Una grande parte dell'individualità è anche supportata dai miti familiari ai quali bisogna dare importanza e dai quali non ci si può scostare molto facilmente, se non perdendo la stessa individualità.

La quantità dell'una o dell'altra non definisce la qualità della relazione. Piuttosto che orientarsi verso una delle due, la coppia dovrebbe fare in modo di raggiungere un equilibrio tale da creare un'atmosfera favorevole al progresso degli individui e della relazione.

"Quali genitori hanno le maggiori probabilità di raggiungere quest'equilibrio? La nostra impressione è che siano quelli in possesso di tre qualità importanti. In primo luogo entrambe i partner sembrano avere un saldo concetto della propria identità individuale: si sentono distinti l'uno dall'altro, dai propri genitori e dai propri figli, ma al tempo stesso avvertono il carattere imprescindibile di questi legami.

In secondo luogo, i partner sembrano in grado di tollerare la propria ambivalenza, per cui riescono a comprendere entrambi i modi di vedere una questione o un problema.

Non ritengono di dover lottare per cambiare l'idea della vita del partner, benché siano disposti a lottare perché cambi opinione su una questione specifica. In terzo luogo, discutono con metodo: non evitano il conflitto nè prolungano sterili situazioni di stallo.

Certamente può accadere che i partner si ritrovino dalle parti opposte della barricata nel momento in cui scoprono di avere esigenze diverse, ma dopo discussioni a tutto campo, c'è la possibilità che si riescano a trovare le risorse per risolvere problemi soprattutto se si sono riuscite a mettere in discussione non solo quelle dell'altro ma anche le proprie idee".[42]

Non si può semplificare il discorso asserendo che le coppie capaci di

---

[42] Pape Cowan C., Cowan P. A., (1997), *Dall'alcova al nido. La crisi della coppia alla nascita di un figlio*, Milano, Cortina, pag. 287

mantenere un equilibrio sull'individualità e sulla reciprocità sono più attrezzate per passare senza danni alla condizione genitoriale. La possibilità di discutere apertamente delle difficoltà, di conciliare le esigenze individuali con obiettivi comuni o mettere in grado le coppie di trasformare una lite in un'opportunità, in una discussione impostata sulla collaborazione, tale cioè, da permettere a ciascuno dei partner di trovare un modo per soddisfare le proprie legittime esigenze nel rispetto di quelle, altrettanto legittime dell'altro.

I Miti familiari possono, non solo fare da sfondo alla storia in atto, ma anche venire in aiuto come rinforzo dell'identità personale e familiare globale.

La comprensione della storia della famiglia d'origine della controparte, e quindi di tutte le implicazioni che i Miti di quella famiglia comportano per *"l'altro"*, possono facilitare la comprensione del partner, dei suoi condizionamenti ed ideologie che in seno alla famiglia di origine si sono sviluppate ed ora sono la base sulla quale esso si muove e le auto-regole che egli sente di dover rispettare.

Un'altra cosa da comprendere e, anche, da dover necessariamente armonizzare è il fatto che entrambi i coniugi portano con sé stessi i riti e le abitudini sviluppate in anni di convivenza con la famiglia di origine che, nella formazione del nuovo nucleo famigliare, potrebbero non essere così facilmente compresi o addirittura accettati.

A maggior ragione un fattore destabilizzante nell'arrivo di un figlio e quindi di un nuovo componente della famiglia è proprio il fatto che, i partners dopo essere riusciti ad organizzarsi nel quotidiano, dopo aver armonizzato i "*loro Miti*" al di fuori delle famiglie di origine, dopo esser riusciti a "fondere" le abitudini personali in abitudini di coppia, devono "fare i conti" con un "essere" che, per quanto voluto e "in potenza" amato, viene a scompaginare tutto, ponendo una grossa ipoteca almeno su i primi 5/6 anni della vita coniugale futura.

Nella stragrande maggioranza dei casi le coppie che hanno un figlio non immaginano né prevedono questo e si trovano a dover far fronte al loro fantasmatico riguardante la paternità e maternità, nella realtà, quasi sempre diverso, da come lo avevano immaginato.

2.6 Il modello ecologico

In seguito al lavoro di Urie Bronfenbrenner (1979), sono state studiate le famiglie nel loro contesto ecologico. Questo modello ci consente di individuare i cambiamenti che avvengono nella vita familiare a livelli diversi, dai piccoli dettagli, alla visione di insieme. Per ottenere dei primi piani ci serviamo dello zoom, cioè si chiede ai singoli membri della famiglia che cosa stia accadendo.

Per ottenere un'inquadratura da media distanza di ciò che sta avvenendo nella famiglia osservata si arretra, si esaminano le singole relazioni al suo interno (madre, padre, figlio, fratello) e le dinamiche della famiglia nel suo complesso.

Per ottenere un'inquadratura da lontano si arretra ancora di più, cioè si esaminano i legami tra i membri della famiglia e le istituzioni importanti del mondo esterno.

Nonostante tutte le informazioni sugli aspetti decisivi della vita familiare, nelle istantanee di ciascuna di queste sfere distinte della vita familiare, alcune componenti essenziali dello scenario più ampio vanno perdute. Occorre un film che mostri come i cambiamenti che avvengono nelle diverse sfere influiscano su tutti i membri della famiglia e sulle relazioni tra di loro.

Si pensi, per esempio, ad un uomo ansioso di diventare padre per la prima volta (vita interiore), deciso a dedicarsi a suo figlio più di quanto suo padre si fosse dedicato a lui (qualità delle relazioni nella famiglia di origine), ma oppresso dalle esigenze del proprio lavoro (stress derivante dal mondo esterno).

Quando il bambino nasce, è possibile che un uomo simile incontri delle difficoltà a negoziare i nuovi ruoli con la moglie (qualità del matrimonio).

È possibile che tenda ad attribuire il malessere che prova in famiglia a problemi coniugali. Benché i partner possano non essere consapevoli del fatto che il loro malessere sia associato ad alcuni di questi aspetti della loro vita, è probabile che entrambi percepiscano la tensione esistente tra di loro, con il risultato che uno o entrambi si sentiranno meno sicuri e più vulnerabili, sia come individui, che come membri della coppia.

Fortunatamente, il "traboccare", può anche essere positivo.

Se uno dei genitori trascorre parte della giornata con il bambino o porta a termine una gran quantità di lavoro, è possibile che entrambe i partner ne sentano il beneficio in un secondo momento, allorché si troveranno da soli.

Il sostegno da parte del coniuge che si sente soddisfatto può infondere nell'altro entusiasmo ed energia, spingendolo ad assumere un atteggiamento diverso nei confronti del bambino, a vedere in modo diverso un problema o rapportarsi in un altro modo con genitori o parenti oppure a desiderare di trascorrere più tempo accanto al partner.

Il presupposto da cui siamo partiti è il seguente: se riusciamo a scoprire alcuni legami decisivi tra le cinque sfere della vita familiare, comprenderemo meglio che cosa favorisca o che cosa ostacoli il progresso di genitori e figli.

Il modello a cinque dimensioni è coerente con la premessa avanzata dai terapeuti della famiglia secondo cui, la famiglia stessa è un sistema e non è possibile spiegare il benessere o il malessere dei membri che la compongono, senza sapere qualcosa delle caratteristiche del sistema nel suo insieme. (Bateson et al. 1956; Bowern, 1978; Framo, 1981; Haley, 1976)

In altri termini, per saperne di più sullo sviluppo infantile dobbiamo andare oltre l'osservazione della relazione tra madre e figlio e guardare anche alla relazione tra padre e figlio, nonchè all'influenza combinata di entrambe i genitori e della loro relazione con il figlio.

In particolare, è fondamentale il modo con il quale la qualità del matrimonio può incidere sulla personalità del figlio, sia influenzando il genere di relazione che ciascun genitore stabilisce con lui, sia fornendogli un modello di comportamento nelle relazioni.

Nel 1957, il sociologo E. Le Masters, giunse alla conclusione che il passaggio alla condizione genitoriale può produrre una crisi nelle coppie.

Benché in linea con questa opinione, tale crisi non è considerabile come inevitabilmente distruttiva.

Prendendo in esame una delle più vecchie culture del mondo, quella cinese, per quanto riguarda la loro scrittura, viene spiegato che l'ideogramma usato per la parola "crisi", combini una serie di caratteri che rappresentano pericolo e opportunità. Si rivela, questo, un modo particolarmente appropriato di considerare i periodi di transizione in famiglia.

"Alla nascita di un figlio, può crescere la tensione nelle neomadri e nei neopadri, tra loro o tra ciascuno di loro ed il bambino, e ciò può spaventare molto i genitori già vulnerabili. Ma è ugualmente plausibile che diventare genitori costituisca il genere di sfida che spinge uomini e donne a vedere le cose in modo nuovo, a trovare soluzioni più efficaci per i loro problemi ed avere una maggiore consapevolezza della loro maturità. Tutto ciò che può portarli a sentirsi particolarmente forti e inattaccabili".[43]

---

[43] Pape Cowan C., Cowan P. A., (1997), *Dall'alcova al nido. La crisi della coppia alla nascita di un figlio,*
Milano, Cortina, pagg. 8-10

CAPITOLO 3

L'attuale fragilità della coppia

Ciascuno di noi è portato a pensare che la famiglia coincida grosso modo con il tipo di famiglia di cui abbiamo fatto esperienza nell'infanzia. In realtà questo è uno stereotipo e varie sono le forme familiari che si sono sviluppate nel tempo.

La famiglia è un soggetto in perenne trasformazione: essa conversa con il sociale nel quale è immersa secondo modalità articolate e sofisticate. Siamo infatti oggi ben lontani dalla visione semplicistica dell'antropologia culturale dell'Ottocento di un'evoluzione lineare della famiglia che, nel corso del tempo, perderebbe progressivamente le sue funzioni, assorbita dalla società.

La famiglia è realtà, si allarga e si restringe, perde alcune funzioni e ne acquista altre a seconda della situazione socioculturale. Essa interagisce con il contesto comunitario nel quale è immersa, può essere influenzata e lo influenza a sua volta.

Con un'immagine semplificata, ma efficace, già da tempo sono state identificate tre parole chiave per il processo di trasformazione della famiglia in Europa e le modalità di definizione dei suoi confini dentro e fuori: *household,* (aggregato domestico); *house* (abitazione); *home (*casa).

In passato, la famiglia si identificava come un'unità co-residenziale, includendo tutti coloro che vivevano sotto lo stesso tetto. La moderna privacy era sconosciuta, la coppia coniugale e i figli erano confusi nella promiscuità di relazione con gli altri.

In seguito, la coppia coniugale si emancipò gradatamente dalla rete parentale, sempre meno influente nel reperimento di risorse materiali; si assistette, così, ad un progressivo rafforzamento della relazione coniugale e ad un accentramento dei compiti e delle responsabilità educative nei confronti dei figli, indicando il distacco dalla parentela e l'individuazione della famiglia nucleare.

Attualmente, con l'enfasi sull'autonomia dei diritti dell'individuo e l'affermarsi di un'etica di autorealizzazione, che rende il soggetto al centro di tutto, la famiglia non coincide più con la sua definizione normativa, in quanto l'individuo realizza il criterio selettivo di inclusione/esclusione affettiva, è "a casa" *home*, intesa come luogo di intimità.

Se ci è relativamente facile ridisegnare un percorso a ritroso, meno facile è il compito di leggere l'oggi nel quale siamo immersi.

Siamo di fronte a due opposte tendenze: da una parte la privatizzazione della famiglia che porta ad un'accentuazione dei suoi confini interni, dall'altra c'è l'esaltazione della funzione comunicativa anche se problematica.

La famiglia sarebbe, secondo una nota interpretazione di Luhmann (1982), una struttura di pura comunicazione. I profondi mutamenti della famiglia negli ultimi decenni hanno esercitato ed esercitano un'influenza sia sulle relazioni interne, sia nelle transizioni.

In particolare si possono identificare alcuni aspetti del mutamento della famiglia nel contesto italiano che rappresentano una dimensione socioculturale delle diverse transizioni familiari e ne influenzano profondamente lo sviluppo:

- la crescente fragilità dell'unione coniugale e le sue nuove caratteristiche;
- il consistente calo della natalità e le nuove caratteristiche di genitorialità;
- il differimento del tempo di ingresso nella vita adulta;
- l'allungamento della vita media e le nuove connotazioni della condizione anziana.

Un particolare rilievo assume inoltre il confronto continuo e crescente con le altre culture, a cui la famiglia italiana è sottoposta in seguito all'aumento dei flussi migratori.

Prima di esaminare tali aspetti, va peraltro precisato che "*la famiglia tradizionale costituita dai coniugi e dei rispettivi figli costituisce tuttora la forma più diffusa della famiglia. La sua forma mortale è costituita da piccole dimensioni*".[44]

3.1 La genitorialità: positiva, negativa, differita, adottiva

La vita di coppia, oggi, nel nostro paese, è soggetta a rilevanti trasformazioni, ad un aumento delle unioni libere e ad un aumento delle separazioni. Tali fenomeni investono, con percentuali consistenti, tutti i paesi dell'area occidentale e in particolare il Nord Europa.

Si caratterizza per una generalizzata fragilità del legame coniugale, che affonda le sue radici in un radicale mutamento della concezione del legame coniugale stesso, avvenuto nel corso del tempo. Nel lontano passato, il matrimonio, infatti, era frutto di un'alleanza di famiglie che intervenivano nella scelta del coniuge; successivamente è diventato, in particolare per la classe borghese, uno strumento di affermazione sociale e di miglioramento del proprio status, fino ad essere, oggi, fondamentalmente una questione di autorealizzazione espressiva personale.

Non era raro nel passato, soprattutto per le donne, ricercare il matrimonio come condizione di sicurezza e di raggiungimento di uno status positivo, (sposata e non zitella). Oggi tale motivazione è meno forte ed invece è preminente la ricerca, nel rapporto di coppia, della propria felicità personale.

In altre parole, il matrimonio, da " fatto sociale totale" diventa una "

---

[44] Pape Cowan C., Cowan P. A., (1997), *Dall'alcova al nido. La crisi della coppia alla nascita di un figlio*,
Milano, Cortina, pagg. 16-20

impresa personale". In sostanza, da una parte si assiste oggi ad un alto investimento nel rapporto di coppia e alla richiesta di intese e condivisioni potenzialmente coinvolgenti ogni aspetto della vita, dall'altra si è affievolito l'aspetto sociale e istituzionale del vincolo: la coppia si fa "norma a se stessa" e diventa autoreferente.

La fragilità è così il frutto sia di troppo elevate aspettative e/o delusioni, sia dello sbilanciamento della relazione sul versante affettivo/espressivo, a scapito di quello etico/normativo e di impegno del patto.

L'indebolimento dell'aspetto di vincolo è pagato dalla coppia a prezzo di una precarietà sempre incombente. Le possibilità di scelta mette, infatti, nella vita dei due partner una quota di incertezza che pare incrementare la paura di legarsi. Il vincolo si rappresenta da subito come non necessariamente duraturo.

Oggi, già nel momento di formazione della coppia, si anticipa la domanda sul possibile prolungamento nel tempo del legame. Le alte aspettative reciproche dei due coniugi, il contemporaneo calo del controllo sociale, la ricerca del benessere personale, fanno sì che, assai più facilmente che in passato, la coppia si interroghi e riveda il contratto a suo tempo stabilito.

In questi frangenti, si prospettano di fronte ai coniugi varie strade:

1 – un rinnovato legame tra le persone, che sappia coniugare l'aspirazione all'intimità con l'impegno progettuale;

2 – uno stare insieme rassegnato che protegge dalla solitudine;

3 – un distacco/separazione che, seppure solo apparentemente, taglia con il passato.

Tale strada sembra, dai dati demografici, essere in costante aumento.

L'instabilità coniugale dà luogo, così, ad una frammentazione del nucleo e si divide in un'unità singola, in genere l'uomo, e un nucleo mono-genitoriale, in genere la donna più i figli, che tende a rimanere tale.

"Peculiarità del caso italiano è infatti la limitatezza del numero di

seconde nozze.

Scarsa è la presenza nel nostro paese di nuclei ricostituiti: la famiglia mono genitoriale è più uno status che una fase di un processo, contrariamente a ciò che avviene in molti altri paesi, dove ad un matrimonio fallito segue, nel breve periodo, un nuovo matrimonio.

Entrambe le soluzioni, famiglie ricostituite e famiglia mono-genitoriale, non sono, soprattutto per i figli, esenti da difficoltà".[45]

Se nel reticolo a volte complicato delle famiglie ricostruite, il problema sembra essere quello di una sovrapposizione di figure paterne, (il padre naturale non convivente e il patrigno convivente), una sorta di figura paterna plurima con la quale il figlio si deve destreggiare, nei nuclei mono-genitoriali il pericolo è quello, opposto, della debolezza della figura paterna e di uno sbilanciamento delle relazioni verso il ramo materno.

Le donne, rimaste sole, infatti tendono ad appoggiarsi alle loro famiglie d'origine. In entrambi i casi, peraltro, è la madre l'elemento stabile costante.

Paradossalmente, per motivi diversi, nell'Occidente progredito, come nel cosiddetto terzo mondo, e in particolare nei paesi dell'America Latina, si va imponendo una famiglia matri-focale; la madre e la linea materna campeggiano, mentre "pallida", si fa la presenza del padre e della sua genealogia, in passato, invece, decisamente prevalente. Basti ricordare il ruolo del *pater familias,* nella famiglia romana, giunto fino a noi, nella tradizione, dell'eredità maschile attraverso il cognome.

In questo panorama sociale, che vede la dimensione della coppia sempre più fragile e soccombente sotto la spinta di tendenze individualistiche, occorre tuttavia osservare che paradossalmente essa è, oggi, assai più che in passato, un referente centrale per la società. Sia, perché, con l'aumento della vita media è aumentato anche il tempo di vita in coppia, (4 - 5 anni

---

[45] Scabini E., Iafrate R., (2003), *Psicologia dei legami familiari*, Bologna, Il Mulino, pagg. 77-79

nell'ultimo decennio), sia perché essa è lo snodo inevitabile di compiti che prima venivano distribuiti e attribuiti alle famiglie allargate, sia ancora perché essa si assume la responsabilità, soprattutto nel campo della trasmissione dei valori, di cui il sociale non si fa più carico.

Infatti ci si rappresenta la vita adulta come vita di coppia. Ancora, nonostante l'aumento delle separazioni dei divorzi in tutti paesi occidentali, il matrimonio rimane, soprattutto per i giovani, secondo quanto hanno evidenziato diverse ricerche, una meta ideale altamente desiderabile.

È quindi importante mettere al centro delle riflessioni il rapporto di coppia, i suoi problemi, le sue risorse e le sue dinamiche, lungo tutto il suo percorso.

Da un punto di vista psicosociale, la condizione di figlio unico, parrebbe offrire vantaggi in termini di opportunità e risorse, tuttavia, ciò rappresenta una forma di povertà relazionale, sia per il figlio, che per gli stessi genitori.

Il figlio non può sperimentare una relazione paritetica altamente significativa, basilare per l'esperienza della socialità, e i genitori sono privati della varietà che una genitorialità plurima consente. Gli effetti di tale riduzione generativa si fanno, inoltre, sentire nel lungo periodo, nell'assenza di un supporto tra fratelli in età anziana.

In un periodo in cui il legame matrimoniale tende a farsi instabile, in una società in cui punti di riferimento si fanno più incerti e sfumati, il vincolo di filiazione resta l'unico su cui investire in modo continuativo.

La debolezza della coppia sembra essere rimpiazzata così dalla solidità del legame col figlio. La punta estrema e sintomatica di tale tendenza è rappresentato da quelle coppie che fanno volutamente precedere la scelta di un figlio alla legalizzazione dell'unione.

In questi casi è il figlio l'essere istituente per il legame di coppia: la coppia si dispone e si attiva intorno al figlio, al quale è subalterna. I diritti del bambino prevalgono, così, sempre più sulla logica della coppia.

"In questa logica, paradossalmente, il neo-nato pare rappresentare più il desiderio di paternità e di maternità di due soggetti, che essere vissuto come una nuova generazione che si affaccia alla storia, frutto di una coppia che si sente legata alle generazioni precedenti e vestita di una specifica responsabilità familiare e sociale.

Notevole è, perciò, il cambiamento culturale che ha investito la rappresentazione del figlio: esso può essere ricondotto fondamentalmente all'indebolimento della percezione di una genealogia famigliare con la conseguente perdita dei connotati generazionali della filiazione e all'imporsi, nell'esperienza procreativa, degli aspetti di realizzazione personale"[46].

Tale aspetto è certamente amplificato dal fatto di poter scegliere e controllare la procreazione.

[46] Scabini E., Iafrate R., (2003), *Psicologia dei legami familiari*, Bologna, Il Mulino

3.2 L'accoglienza della nascita

Per secoli la nascita dei figli è stata vissuta come un accadimento naturale, di cui poco si sapeva e che perciò non si poteva controllare. L'odierna possibilità di scegliere non solo di avere figli, ma anche di programmarli, appare dunque come un fatto nuovo, determinante sulla scena sociale. Inoltre, i limiti e la discrezionalità della scelta procreativa sembrano dilatarsi sempre di più come documentato dal ricorso, sempre più frequente, a varie tecniche di riproduzione assistita per aver un figlio, a tutti i costi.

La diminuzione delle nascite e il suo carattere di avvenimento scelto e fortemente voluto, fa sì che la nascita assuma le caratteristiche di un"alto concentrato emozionale".

I genitori finiscono per investire troppo nei pochi figli che mettono al mondo e ciò può costituire un problema per i figli poiché si sentono di dover rispondere ad alte aspettative e a un'impegnativa immagine di sé. Tale immagine porta dentro di sé, inconsapevolmente, il bisogno realizzativo dei genitori da cui, dunque, sarà più difficile staccarsi e che avrà conseguenze anche a livello dello stile educativo praticato.

In queste famiglie, sempre più privatizzate e autocentrate, aumenta a dismisura l'importanza attribuita alle relazioni interne e, contemporaneamente, l'indifferenza al contesto sociale.

Ogni famiglia diventa "un sistema a sé", si crea regole proprie, costruisce una morale autonoma, perseguendo come unica regola il vantaggio dei propri figli, senza mediazione con il sociale.

Questa autoreferenzialità esaspera le difficoltà, anziché stemperarle nella condivisione e nell'apertura ad altre famiglie.

La prima indicazione pedagogica riguarda, quindi, forme di sostegno alla genitorialità, poiché, a fronte di una diffusa percezione delle difficoltà connesse con le incombenze educative, manca un'adeguata preparazione socio culturale dei ruoli parentali che aiuti i genitori a divenire consapevoli delle proprie risorse, ricchezze e capacità educative.

Bisognosi di sicurezze educative, essi finiscono per delegare ad altre agenzie, (scuola, sport, tv), fini, metodi e contenuti.

Il disagio educativo ha, innanzitutto, necessità di costruire reti territoriali più vaste di solidarietà e condivisione per alimentare la fiducia nelle risorse presenti in ogni nucleo familiare.

Sarà necessario sottolineare l'importanza delle reti relazionali informali, a fronte di una tendenza a "clinicizzare" il disagio, sottraendolo alla dimensione di "normalità" e consegnandolo nelle mani dell'esperto.

Il bisogno di appagare l'immagine pubblica trasforma, inconsapevolmente, i figli in oggetto di proiezione narcisistica degli adulti che li inducono a primeggiare in ambito scolastico o sportivo o musicale, incuranti delle loro reali aspirazioni, per rispondere, più o meno, ad una marcata insicurezza educativa.

Un diffuso timore dell'insuccesso ed un bisogno di conferme spinge i genitori a valutare le proprie capacità educative tramite la riuscita dei figli.

Molti genitori sono propensi a volere che i propri figli siano "speciali", "superiori", "perfetti". A tal fine, li costringono a ricorrere a parametri sempre più impegnativi, inevitabile conseguente competitività che li misura sulla prestazione.

Il rischio è che tali genitori vivano le normali difficoltà della crescita con l'angoscia di chi teme che esse siano il sintomo di un'inaccettabile "mediocrità" dei figli.

In circostanze di fallimento o insuccesso delle prestazioni dei figli, la relazione genitoriale può precipitare nello scoraggiamento e persino condurre alla disgregazione di coppia nel caso non vi sia un solido sistema di riferimento.

Spesso sono i padri che non riescono ad attivare le risorse sufficienti di fronte a una genitorialità "delusa" rispetto agli standard di elevate aspettative. Lo dimostrano chiaramente i frequenti allontanamenti paterni successivi alla nascita di un figlio con diagnosi di handicap.

In un simile contesto, i genitori separati sono, più degli altri, esposti all'ansia per la riuscita dei propri figli come " risarcimento" pubblico dei sensi di colpa e come riscatto dei vissuti di colpa.

In essi, il timore dell'insuccesso è più elevato, poiché sarebbe vissuto come un fallimento genitoriale che si aggiungerebbe a quello coniugale.

Queste apprensioni sull'educazione dei figli lasciano i genitori perennemente in bilico verso il rischio di degenerare nell'egoismo, aumentando la competitività e l'indifferenza diffusa.

"Diventa, perciò, essenziale non scindere l'etica della cura dall'etica della responsabilità. Ciò rende sicuri non soltanto del bene dei propri figli ma anche del contesto sociale più generale.

Le pratiche della responsabilità e della condivisione contribuiscono a sottrarre le famiglie alle loro debolezze e fragilità. La genitorialità diffusa coinvolge più famiglie nel partecipare all'educazione dei figli, nel condividere l'orientamento enorme, allentando l'onere individuale dei singoli genitori; perciò solleva e sostiene laddove l'isolamento abbatte e sconforta".[47]

L'aumento delle madri lavoratrici, nel 50% dei casi diplomate o laureate, proietta inevitabili ripercussioni sulle relazioni familiari.

Secondo un rapporto dell'*Istat* del 2005,[48] sono aumentati i figli con ambedue i genitori occupati, metà di questi è nella classe di età tra 0/5 anni.

L'organizzazione del mondo del lavoro non è tuttavia stata modificata dalla presenza femminile. Le donne hanno dovuto adeguare i loro tempi

---

[47] Iori V., (2006), *Separazioni e nuove famiglie. L'educazione dei figli,* Milano, Cortina

[48] ISTAT, (2005) *Rapporto Annuale.*

agli stili di organizzazione pensate e gestite da uomini, secondo tradizionali parametri della divisione degli ambiti.

Per comprendere le ragioni degli ostacoli incontrati dalle madri lavoratrici è necessario ripensare al particolare peso di "doppia presenza" che le donne vivono, dovendo faticosamente conciliare contemporaneamente più ruoli: i compiti lavorativi extradomestici, i compiti di cura e gestione di tutto il carico emotivo della famiglia.

Le modificazioni intervenute nei rapporti tra i generi e la crisi del modello patriarcale sono dovuti, assieme ad altri fattori, all'avvento dell'industrializzazione e della contemporanea nucleare inflazione familiare.

Le giovani coppie cercano faticosamente di sottrarsi agli stereotipi dell'asimmetria tra i sessi. "*Pur tra mille difficoltà e fragilità dei rispettivi ruoli, i nuovi padri e le nuove madri stanno oggi costruendo percorsi di maggiore reciprocità e simmetria relazionale comunicativa, frutto di una scelta consapevole imperniata sulla stima e sull'amore, dove la diversità tra i sessi possa essere una valorizzazione delle rispettive parzialità".*[49]

I cambiamenti dei ruoli di coppia hanno comportato, da parte di giovani uomini, una maggiore propensione a condividere, anche se in misura limitata, il lavoro di cura. "*Nelle famiglie italiane un uomo su quattro partecipa alle attività domestiche, ma il 90% delle ore dedicate alla cura della casa è rimasto totalmente a carico delle donne. Cambia quindi molto lentamente il modello tradizionale e persiste una significativa diseguaglianza di genere".*[50]

Un'equa divisione dei compiti maschili e femminili nella famiglia è più facilmente perseguibile fino al momento in cui la coppia è senza figli.

---

[49] Iori V., (2005), *Padri e madri; oltre la fragilità e rigidità dei ruoli* in L. Prati, (a cura di) Educare alla

genitorialità, Brescia, La Scuola, Pag.125

[50] ISTAT, (2005) *Rapporto Annuale*

"La più brusca rottura della simmetria avviene, decisamente, con la nascita del primo figlio, a partire dalla quale si assiste a un complessificarsi delle relazioni familiari che segnerà tutto il successivo percorso della famiglia".[51]

Le pratiche di cura verso i figli, intese come preoccupazione, responsabilità, sollecitudine, attenzione, oltre che accudimento, sono assunte quasi del tutto dalla madre.

La difficile conciliazione dei rapporti, la diversa possibilità di investimento dell'uomo e della donna nel lavoro, nella famiglia e nella condivisione dei ruoli educativi figurano tra le cause più frequenti dei conflitti di coppia.

Il lento e incerto ingresso nella vita adulta, che ha mantenuto a lungo gli attuali giovani genitori al centro delle cure e dell'affetto da parte della loro famiglia d'origine, li rende spesso impreparati a "salire" di una generazione e a "prendersi cura" di altri.

Accade perciò che la crisi di crescita, originata dalla nascita del primo figlio, non sempre si risolva nella maturazione e nel consolidamento del rapporto di coppia. Qualche volta è proprio l'evento della nascita a scatenare i conflitti che possono condurre alla separazione.

Tutte le ricerche sulle separazioni indicano una maggiore "tenuta" nei matrimoni che hanno messo in questione la tradizionale ripartizione dei ruoli e sono improntati a una maggiore condivisione. Inoltre, le modalità delle eventuali separazioni sono molto meno traumatiche e i genitori sono molto più attenti alle relazioni educative e all'importanza della presenza paterna.

Si tratta di un aspetto particolarmente significativo, poiché la perdita del legame educativo padri-figli, essendo il padre affidatario assolutamente minoritario, è uno dei costi educativi più elevati delle separazioni.

Affinché la tradizionale " assenza" dei padri si trasformi in una crescente

---

[51] Scabini E, Iafrate R, (1997), "*Uomo e donna di fronte al percorso matrimoniale, alla separazione al divorzio: aspetti psicologici e sociale*, Cinisello Balsamo, S. Paolo

consapevolezza dell'importanza del ruolo educativo paterno, è necessario che i nuovi padri sappiano mantenersi “fedeli” al proprio genere, nel contempo, “ inventare” nuovi modelli che li rendano partecipi della cura, dell'educazione dei figli, senza ricalcare, in tali compiti, i modelli materni.

Il periodo che precede la decisione della separazione è certamente difficile e doloroso, accompagnato da una complessa rielaborazione dei dubbi sulla relazione di coppia, da recriminazioni, accuse, notti insonni, pianti.

La scelta non arriva quasi mai in modo improvviso, ma preceduta da una crisi più o meno lunga e conflittuale dove, progressivamente, ciascuno re-interpreta se stesso e l'altro con occhi diversi.

È difficile stabilire l'origine di ogni conflitto coniugale, il suo sviluppo, il momento in cui diventa irreversibile.

La crisi si manifesta palesemente e quando gli scontri, le ostilità, i litigi diventano incessanti e intensi, fino a non riuscire a ritrovare più la capacità di riconciliazione, conduce a una spirale di scontri permanenti, senza soluzione e talvolta capace di indurre gesti di estrema vendetta.

Il conflitto di coppia non provoca effetti che riguardano solo la relazione tra i due coniugi, ma si estende inevitabilmente anche ai figli: da coniugale diviene familiare.

I figli, infatti, fanno parte del “sistema famiglia”. Assurdo raccomandare ai genitori di tenerli “ al di fuori” della crisi di coppia, poiché essi sono “ dentro”' la relazione familiare.

L'esistenza dei bambini è necessariamente “ in mezzo” alle relazioni della coppia, serene o burrascose che siano, quindi, finiscono sempre “in mezzo” ai conflitti e nelle separazioni. Risulta, pertanto, inverosimile non coinvolgerli.

È però possibile, anzi dovuto, ogni sforzo per “ metterli al riparo”, dall'essere testimoni di scontri permanenti e furiosi.

Le risposte messe in atto dalla coppia in crisi derivano dalla loro storia, precedente all'insorgere delle discordie, e spesso permangono a lungo, anche dopo la separazione, instaurandosi come modalità interattive permanenti.

Vi sono genitori che non si curano della presenza atterrita dei figli durante le liti, altri che cercano di contenere o rimandare le accuse reciproche più crude e brutali.

I comportamenti più o meno attenti a non perdere di vista la dimensione educativa, pur nella crisi, sono espressione dello stile relazionale, della gestione del conflitto e delle circostanze entro in cui si sviluppa.

Il disaccordo della coppia modifica dall'interno il sistema famiglia e coinvolge sempre, seppure in misura diversa, i figli. Ben prima del distacco, a volte fin dalla nascita, avviene per l'incapacità di " fare spazio" ad una nuova presenza che trasforma l'identità della coppia.

I figli, tuttavia, restano figli per tutta la vita e il tramite con l'altro genitore: il legame non può mai spezzarsi definitivamente.

3.3 La ridefinizione del rapporto coniugale

Quando portano a casa dall'ospedale il loro bambino, i genitori compiono il grande salto. Dopo mesi di previsioni, la loro transizione da coppia a famiglia diviene una realtà.

Entrando in questo territorio familiare nuovo e sconosciuto, uomini e donne, scoprono di inseguire tempi e percorsi diversi del viaggio che avevano immaginato prima, insieme.

Spesso si comprende l'impossibilità di sentirsi perfettamente preparati ad essere genitori, a causa dell'iniziale senso di sgomento davanti alla fragile creatura generata, del perenne stato di affanno durante i primi mesi, di pasti infiniti, della regolarità esasperante delle levate notturne.

Per la maggior parte dei genitori, sia quelli che hanno vissuto un travaglio e un parto regolare, sia quelli che hanno dovuto affrontare le difficoltà di un parto con taglio cesareo, l'euforia immediatamente successiva alla nascita è seguita da settimane di stordimento, in cui si ha la sensazione di avere innescato un pilota automatico.

Uomini e donne abituati a prevedere e superare gli aspetti problematici di un lavoro impegnativo e dell'intimità sono sopraffatti da sentimenti imprevisti e contradditori.

A sei mesi i bambini non sono più neonati inermi, completamente imprevedibili, ma sono normalmente inseriti in qualche tipo di routine. La maggior parte dorme tutta la notte, benché questa espressione sia fuorviante, dal momento che il periodo di pace dura in genere da poco più di mezzanotte fino alle 4/5 del mattino.

Generalmente, i bambini sono ancora allattati al seno o prendono il biberon, e molti hanno già cominciato a ingerire cibi solidi. Avendo sviluppato una personalità definita, hanno gusti molto precisi. Vi sono cose che semplicemente non possono essere costretti a fare, per quanto i genitori si sforzino.

Alcuni sociologi descrivono i sei mesi dopo il parto, come il periodo di luna di miele della nuova famiglia. Questa descrizione si adatta certamente alla maggior parte delle coppie, dopo il problema del difficile adattamento dei primi tre mesi, gli ultimi tre sono molto, molto belli.

Nella maggior parte dei casi i genitori si sentono fortemente attratti dai loro bambini quando questi raggiungono i sei mesi, e traggono piacere dai momenti sereni che trascorrono con loro. Sono sollevati dalla consapevolezza di essere sopravvissuti alle infinite preoccupazioni della gravidanza, e cominciano a provare un senso nuovo di adeguatezza per aver imparato a prendersi cura del loro neonato, le cui esigenze sono continue ma la cui capacità di comunicarle è limitata. Al tempo stesso, per molte coppie, una serie di indizi preannuncia la fine della luna di miele coniugale.

Le madri di bambini di sei mesi sembrano emergere da un periodo di totale dedizione ai loro piccoli. Nelle statistiche il 55% circa delle donne torna a lavorare, la maggior parte a tempo parziale. I padri parlano del loro cresciuto senso di responsabilità nei confronti della propria famiglia, soprattutto in relazione al compito di provvedere al suo mantenimento. È raro che gli uomini svolgano un ruolo centrale nella cura quotidiana dei figli. Molti dicono di occuparsi del bambino mentre la moglie prepara la cena o se le capita di uscire al sabato mattina. Alcuni mariti affermano di aiutare la moglie alzandosi qualche volta la notte per accudire al bambino. Alcune madri provano sentimenti confusi, non sapendo se essere grate o risentite per l'aiuto del marito.

Chiaramente, uomini e donne vivono in modo diverso l'esperienza di essere neo-genitori. Soprattutto i partner che attuano una gestione paritaria della vita in comune, e che si aspettavano di continuare così anche dopo la nascita del bambino, possono risentire dell'inatteso spostamento dell'equilibrio famigliare.

"Dopo il primo anno lo scenario è ancora mutato, diverse coppie hanno cambiato casa, generalmente per motivi di spazio, talvolta per vivere in quartieri più adatti alla vita di una famiglia con bambini piccoli. In casa, giocattoli e i libri sono sparsi ovunque perlopiù sopra riviste, corrispondenze, giornali non letti dei genitori.

I bambini di un anno, prima costretti a rimanere dove li si metteva, sono ora esploratori in continuo movimento: verso le prese di corrente, i vasi delicati, gli animali domestici, la tazza del water, le porte aperte e, naturalmente, impianti elettrici e televisione. E la maggior parte di loro... Parla! I genitori, un tempo incapaci di comprendere che cosa significassero i suoni emessi dai loro bambini, ora non fanno che ricevere ordini del tipo "voglio", riferito a ogni nuovo oggetto".[52]

Ciò che maggiormente però si sottolinea è che, inoltre, molte coppie, scoprono di avere idee differenti su ciò che i bambini ai primi passi hanno bisogno di sentirsi dire.

Talvolta le loro discussioni sul modo di vestire o mettere a letto i bambini sono pervase di tensione. Per genitori che hanno lavorato fin dalle prime ore del mattino queste differenze possono essere "*la goccia che fa traboccare il vaso*", in quanto mettono a dura prova la loro pazienza alla fine di una giornata faticosa. Alcuni partner reagiscono ignorando le differenze esistenti tra di loro, e quando si ritrovano a rispondere a certe domande, danno l'impressione di aver scalato una montagna.

La relazione coniugale accompagna tutto lo sviluppo della vita famigliare ed è pertanto soggetta, nei molti passaggi critici, a nuovi compiti per la realizzazione degli obiettivi che di volta in volta si prefigge. Essi possono essere riassunti in un compito complessivo ricorrente che possiamo così formulare: impegnarsi a rinnovare, a riformulare e a rilanciare il patto coniugale nei passaggi chiave del ciclo di vita della famiglia.

Froma Walsh afferma:

" *Le persone hanno bisogno di tre matrimoni: in giovinezza un amore romantico appassionato; per allevare figli un rapporto con*

---

[52] Pape Cowan C., Cowan P. A., (1997), *Dall'alcova al nido. La crisi della coppia alla nascita di un figlio,*

Milano, Cortina, pag.111 – 117

responsabilità condivise; più tardi nella vita un rapporto con un compagno con forti capacità affettive e di accudimento reciproco. Piuttosto che di nuovi partner le persone hanno bisogno di cambiare il contratto relazionale a seconda delle diverse fasi del ciclo di vita, dal momento che le cose necessarie per il soddisfacimento all'interno di un rapporto cambiano nel corso del tempo anche al variare dei requisiti familiari"[53]

Saper trasformare il patto, mantenerlo vivo nel tempo è la sfida odierna, meno sentita in passato, quando la stabilità del patto era garantita istituzionalmente.

Costruire l'entità di coppia non è solo un compito dell'inizio del matrimonio, che si conclude in breve tempo, I coniugi sono sottoposti a prove e crisi che devono affrontare. Del resto, a ben vedere, il patto fa riferimento ad una tensione e ad un potenziale conflittuale tra i partecipanti.

Va detto quindi, che la genitorialità, obbliga ad una riparametrizzazione ed a una forzata rinegoziazione, spesso continua e ripetuta nel tempo, con modalità e tempistiche, imposte dagli stati di crescita dei figli.

3.4 Il figlio come elemento destabilizzante

La dimensione relazionale e la dimensione simbolica sono il tessuto della vita famigliare, tessuto che non è immediatamente visibile e osservabile. La struttura relazionale simbolica va dunque fatta emergere, va catturata dentro gli scambi della vita famigliare, lungo il percorso attraverso il quale la famiglia cambia ed evolve.

Non tutti i momenti del percorso di vita di una famiglia però sono ugualmente favorevoli a svelare questa struttura. Momenti particolarmente felici a questo proposito sono le "transizioni chiave"

---

[53] Walsh F., (2008), *La resilienza familiare*, Milano, Cortina

della vita familiare, ossia i passaggi cruciali della storia della famiglia, innescati da eventi critici prevedibili e imprevedibili, segnati dall'acquisizione di nuovi membri, (matrimoni, nascite, adozioni), o la perdita, (morti, separazioni, malattie invalidanti, fallimenti economici), o da nuovi rapporti con il mondo sociale, come per esempio gli inserimenti scolastici dei figli, gli inserimenti nell'ambiente lavorativo, o ancora caratterizzate da passaggi meno adattabili e più sfumati, come la transizione alla condizione adulta.

Ancora secondo Froma Walsh: tutte le transizioni con il loro potere destabilizzante agitano l'intera organizzazione familiare e ne mettono in discussione gli equilibri, facendo emergere con chiarezza il tipo di relazioni che la caratterizzano.

Proprio perché le transizioni mostrano e contemporaneamente mettono alla prova il patto relazionale della famiglia, esse vanno intese, ricordava Lewin, come un passaggio gruppale, vale a dire qualcosa che accompagna l'intera organizzazione e ha effetti sul rapporto tra le generazioni e sull'identità della famiglia. Le transizioni presentano, nella nostra società, caratteristiche peculiari.

Sono innanzitutto transizioni denormativizzate. Nella società premoderna i passaggi erano infatti inseriti all'interno di una struttura sociale e culturale nella quale erano chiaramente definiti i tempi e le modalità del passaggio. Esisteva un tempo propizio entro il quale, i passaggi da uno stato all'altro dovevano avvenire e vi era un sistema di norme che regolava la sequenza degli eventi in modo prevedibile ed ordinato.

Oggi è molto più facile che i percorsi siano determinati in maniera autonoma dai soggetti coinvolti, che decidono quando e come realizzare la transizione. Per esempio: i figli decidono quando effettuare la transizione all'età adulta, oppure la coppia pianifica quando fare la transizione alla genitorialità. Strettamente connesse all'indebolirsi dell'aspetto normativo dei passaggi sono la mancanza di moralità e di ritualità.

A differenza della società premoderna, nella quale i passaggi erano momenti comunitari e altamente ritualizzati, nella società contemporanea le transizioni vengono vissute soprattutto in termini individuali e la dimensione della ritualità sociale è decisamente lasciata sullo sfondo.

Il passaggio, dunque, il momento ritualizzato normativo, diventa un processo di transizione.

Sia che si tratti di un evento positivo, come una nascita o un matrimonio, o negativo, come una morte o una separazione, la conseguenza è comunque un periodo di disorganizzazione.

Le famiglie si muovono, per un certo tempo, un po' caoticamente, poi fa seguito un periodo di ricerca della soluzione: le famiglie si muovono per tentativi ed errori, alla ricerca di un nuovo e più adeguato funzionamento.

Il momento più propizio, sia per la ricerca, sia per l'intervento, è proprio questo. L'organizzazione relazionale esce allo scoperto e si possono individuare i punti di forza o di debolezza delle famiglie.

Dalla fase di transizione si esce con varie soluzioni, non sempre positive.

Le famiglie possono infatti riorganizzarsi e innovarsi, possono rimanere in una situazione di stallo, oppure sfaldarsi. Possiamo così considerare gli effetti, sia a breve, sia a lungo termine, degli scambi tra i componenti familiari.

Nel primo caso, abbiamo la possibilità di indagare la qualità delle relazioni della famiglia, i suoi effetti sul benessere dei genitori e dei figli.

Nel secondo caso, siamo in grado di valutare gli effetti generazionali che ci informano se la transizione è fallita, per quali aspetti si sono utilizzati processi generativi e per quali situazioni processi degenerativi.

La transizione non è da concepirsi come un semplice passaggio da una posizione ad un'altra, come viene sottolineato da modelli puramente descrittivi della vita familiare, bensì riguarda qualcosa che implica il raggiungimento di uno specifico scopo, come l'educazione dei figli.

Cosa vuol dire, però, concretamente prendersi cura responsabilmente dei propri figli?

Cosa va innanzitutto sempre garantito al figlio da parte dei genitori?

I neo genitori sono chiamati innanzitutto, sul piano affettivo, a creare un legame con il figlio, a dare spazio, calore e fiducia alla nuova generazione. Si deve, inoltre, avviare un processo di differenziazione che conduce a riconoscere nel figlio l'altro diverso da sé: nell'esperienza genitoriale, l'avventura della costruzione del legame e l'avventura del distacco coincidono.

La capacità di distinguersi diventa fondamentale quando è necessario fare spazio ad una terza presenza che non può limitarsi a riempire un vuoto o soddisfare un'esigenza esperienziale del genitore, ma ha diritto di occupare un posto.

Più in generale, dunque, a partire dalla nascita, il patto genitoriale deve saper garantire al figlio, a seconda delle fasi evolutive, la compresenza di aspetti protettivi e di empatia tipici del codice materno e gli aspetti emancipativi, di ordine e giustizia, tipici del codice paterno.

Nelle fasi immediatamente successive alla nascita, la cura genitoriale consiste fondamentalmente nell'assicurare una continua protezione al neonato e il suo obiettivo centrale è quello di fornire al figlio una " base sicura", che consenta di regolare in modo sempre più adeguato le sue funzioni psicofisiche in rapporto al contesto in cui si trova.

Nell'ultimo decennio, in relazione a questa prima fase, le ricerche di Bowlby hanno messo in evidenza l'importanza che determinati stili di attaccamento nel rapporto madre-figlio, sviluppati durante i primi anni di vita, hanno per il benessere nella crescita dei figli.

In particolare lo stile di attaccamento " sicuro", diversamente dagli altri stili di attaccamento, ansioso-ambivalente o evitante, è quello che pare in grado di garantire tale benessere e la capacità di stabilire buone relazioni nelle esperienze successive della vita. Il bambino con stile di attaccamento sicuro sa affrontare il distacco, senza interrompere emotivamente il legame.

La teoria dell'attaccamento e le ricerche ad essa connesse seguono, comunque, fondamentalmente il modello diadico. Il rapporto tra un genitore e un figlio, invece, non è mai svincolato da rapporto del figlio con l'altro genitore e non è mai svincolato neppure dal rapporto dei genitori tra di loro.

Da qualunque punto di vista lo si osservi, l'esercizio del mestiere di genitore è sempre collocato al vertice di un triangolo. Rari, peraltro, sono i modelli di tipo triadico elaborati a proposito della relazione tra i genitori e i bambini piccoli.

Considerando gli aspetti etici, i genitori hanno il compito di legittimare l'appartenenza famigliare del figlio attraverso l'attribuzione di un nome ed un cognome al nuovo nato e di consentirgli, nel tempo, l'accesso alle proprie radici familiari.

A questo proposito, Scabini afferma che trasmettere l'appartenenza e consentire l'accesso alle proprie origini vuol dire riconoscere e legittimare i figli come figli di “quei” genitori e farli sentire parte di una storia che si perde nelle generazioni, consentendo l'accesso all'albero genealogico materno e paterno.

La capacità della giovane famiglia di incorporare i cambiamenti all'interno delle attività rituali, senza per questo alterare in modo significativo il valore del rituale, è un importante fattore protettivo, come, viceversa, l'assenza di rituali o l'eccessiva rigidità nel metterli in atto sono evidenti indicatori di rischio.

Il percorso del patto genitoriale non si esaurisce dunque a livello dello scambio fra genitori e figli. Il figlio è l’espressione di una storia e si colloca all'interno della storia famigliare.

Egli non rappresenta solo una fonte di realizzazione a livello personale di coppia, ma assume per tutta la parentela il significato di nuova generazione e perciò si collega con le generazioni passate, anche se non più presenti sulla scena del mondo, e ne rappresenta il futuro.

Momenti di disaccordo e di conflittualità sono normali nella vita della coppia. Se affrontati consapevolmente, potrebbero rappresentare un'evenienza di cambiamento evolutivo e di crescita, un'occasione per ricostruire relazioni all'interno del gruppo di famiglia.

Perché il conflitto possa anche avere una valenza educativa come riconoscimento dell'alterità occorre ricercare, attraverso la discussione, risposte condivise dei problemi. In tal caso il conflitto comporta, per alcuni componenti della famiglia, un'importante apprendimento della negoziazione.

Nella negoziazione entrambi i coniugi assumono un atteggiamento cooperativo di fronte al disaccordo e ciò produce la capacità di raggiungere intese e trovare soluzioni condivise.

Le occasioni di disaccordo sono oggi più frequenti, anche in seguito alle mutate relazioni tra i generi, che sollecitano la coppia a continue negoziazioni e ricomposizioni, che si manifestano diversamente dagli stili di relazioni funzionali del sistema patriarcale.

"*L'esito costruttivo del conflitto non è tanto dovuto allo stile relazionale, il congelamento, lo spostamento, l'esasperazione, la vittimizzazione, quanto ad un atteggiamento di cura verso la relazione, capace di tener conto anche degli effetti negativi che il disaccordo potrebbe produrre nel tempo e sugli altri soggetti coinvolti*".[54]

Quando il conflitto non recupera la via della ricomposizione pervade negativamente il nucleo; la coppia è sottoposta a tensioni aspre e continue, senza trovare la capacità di gestirle, né di parlarne.

In alcune famiglie i coniugi mettono in atto sentimenti di avversione e talvolta di odio, pur senza giungere a una rottura. In altre, livelli di conflittualità minori possono condurre molto rapidamente alla separazione.

Nella letteratura psicologica si riscontrano numerosi studi sulla fase chiamata del " *pregiudizio*", ossia sulla crisi della relazione coniugale che può sfociare nella decisione di separarsi. Le modalità di gestione delle conflittualità presenti nel rapporto di coppia, possono condurre o meno alla soluzione finale separativa, ma sono determinanti anche per la successiva "qualità" del post-separazione.

---

[54] Scabini E, Iafrate R, (2003), "*Psicologia dei legami Famigliari*", Il Mulino, Bologna, pagg 114-116

Secondo una prospettiva pedagogica, i diversi stili di gestione del conflitto contrassegnano le successive modalità del rapporto educativo con i figli. Anche se, nella maggior parte dei casi, l'intento di salvaguardare i figli è una forte preoccupazione per tutti i genitori in crisi di coppia, la loro guerra è in certi casi così totalizzante da far perdere il senso dell'unità, o comunque da renderlo secondario rispetto ai drammi emotivi che tormentano il rapporto coniugale.

La difficoltà di scindere la funzione genitoriale da quella coniugale, rende i genitori non sempre consapevoli di quanto sia importante saper offrire ai ragazzi rassicurazioni, attenzione, capacità di corrispondere al loro bisogno di amore, pur nel conflitto con il coniuge.

In molti casi, tuttavia, è proprio il pensiero della sofferenza dei figli a rallentare la frattura definitiva. Il distacco che culmina nella sentenza del tribunale può essere quindi assai lungo e investire tutta l'organizzazione della vita quotidiana e il sistema famiglia, anche quando è uno solo dei genitori a volerlo. I genitori possono lasciar passare un periodo di tempo anche piuttosto ampio tra l'ipotesi di separarsi e l'atto finale, mantenendo i figli in una prolungata esposizione al conflitto irrisolto.

"Gli effetti più dannosi per i figli delle coppie in crisi sono legati certamente all'intensità del conflitto, negato, nascosto palese, e soprattutto al perdurare di situazioni conflittuali. Tutti i genitori sanno che non devono litigare di fronte ai bambini e non devono coinvolgerli nei loro scontri. Purtroppo però, nella maggior parte dei casi in cui il dissidio è alle sue fasi acute, essi non riescono a tenere a freno le esplosioni di furore e animosità, provando poi un forte senso di colpa.

Il momento peggiore è quello che precede la separazione, quando la rabbia e l'amarezza raggiungono l'apice. I bambini sono preoccupati per l'equilibrio delle persone che rappresentano i punti fermi della loro vita, e sentono di non essere al sicuro in situazioni infervorate e travolgenti. Sintomi frequenti di depressione e problemi comportamentali sono presenti soprattutto in quelle situazioni in cui i ragazzi si trovano invischiati nelle esplosioni di emotività incontrollata, crisi di pianto, profezie distruttive, parole cariche di minacciosità.

I genitori non riescono neppure ad accorgersi che sui visi dei bambini traspaiono le ansie, le paure e le insonnie causate dalle loro lotte".[55]

Nelle famiglie altamente conflittuali si possono innestare nei bambini intense preoccupazioni, quali, ad esempio, vedersi costretti a fare intervenire la polizia per separare genitori da violenze reciproche. La paura vissuta durante i litigi si rinnova ogni volta, accompagnandosi al timore dell'abbandono, indipendentemente dall'esito.

La peggior esperienza dei figli è respirare un'aria di conflittualità permanente, perché tale atmosfera preclude il dialogo, trasformando la famiglia in un terreno di lotta continua dove non c'è spazio per la comprensione, il rispetto, la tolleranza.

I conflitti interminabili che continuano a coinvolgere i figli, compromettono le relazioni educative talvolta in modo *irreversibile.*

Per la diversa percezione del tempo vissuto dagli adulti e dai bambini, il tempo del dolore e della difficoltà nell'esistenza scorre con differenti ritmi. Non si può ignorare che, per la vita di un adulto, due o tre anni di instabilità emotiva rappresentano un periodo relativamente breve, mentre per un bambino sono una parte consistente della sua infanzia. Senza trascurare quanto diversamente possa incidere, nello sviluppo della personalità, un periodo doloroso vissuto tra i 3 ed i 5 anni.

Diversi fattori sono d'ostacolo ad una equa suddivisione dei ruoli familiari. Le discussioni relative "*a chi fa che cosa*", in famiglia, solitamente sottintendono che gli uomini cercano di sottrarsi alla cura dei figli. La maggior parte degli uomini, tuttavia, desidera intensamente avere un ruolo centrale nella vita del figlio.

Nonostante lo stimolo rappresentato dall'immagine di un padre diverso, più coinvolto, grossi ostacoli, all'interno e al di fuori della famiglia, impediscono agli uomini di partecipare equamente alla crescita dei figli.

Quando le coppie desiderano muoversi nella direzione di un'equa

---

[55] Tayeber E. , (1996), *Aiutare i figli ad affrontare un divorzio,* Bologna, Calderini, pag.83

suddivisione del lavoro familiare, dire "*sì*" non è sufficiente.

È difficile sradicare l'idea che l'educazione dei figli sia compito delle donne.

La maggior parte dei genitori di oggi sono stati cresciuti principalmente dalla madre. Gli uomini non hanno modelli di maschi disponibili ad assumersi questo compito, mentre le donne hanno interiorizzato la proibizione di rinunciare al proprio ruolo di figure primarie di accudimento per i loro bambini. Anche nelle coppie che desiderano estendere i ruoli genitoriali tradizionali, questi modelli e vincoli originari finiscono per rendere molto difficile creare nuovi generi di relazioni familiari.

Gli uomini si aspettano chiaramente che le loro mogli siano esperte di bambini fin dall'inizio.

Meraviglia sempre constatare quanto poco tempo i padri reggano l'incertezza, e quanto rapidamente le madri intervengano nel momento in cui il bambino esprime segni di inquietudine.

Dato che gli uomini si sentono spesso a disagio davanti alla loro inadeguatezza, è sufficiente un minimo di critica implicita per rimettere il bambino nelle mani "*dell'esperta*", come molti chiamano la moglie. Dopo la prima volta che gli uomini si sono arresi, diventa difficile per loro tornare sui propri passi.

"La danza coniugale" tende a scoraggiare il coinvolgimento attivo degli uomini nella cura dei figli. Per quanto possano desiderare che i loro mariti stabiliscano una relazione eccellente con il figlio, le donne che fanno le madri a tempo pieno possono sentirsi minacciate se i loro mariti diventano troppo attivi e troppo abili. Alcune madri affermano che la prossimità tra il padre e il proprio figlio sia piacevole, ma sono poi solite riflettere che se il padre fa bene il suo lavoro e ha un buon rapporto con il bambino, il loro contributo diventerà inesistente.

"La danza coniugale" può essere osservata chiaramente nelle discussioni riguardanti il tipo di alimentazione da adottare per il

bambino".[56]

Molti medici ed infermieri propendono decisamente per l'allattamento al seno, ignorando o condannando esplicitamente l'uso del biberon nel periodo immediatamente successivo al parto. Spesso un'osservazione da parte dei padri è: "mia moglie allatta il bambino ogni due ore circa. Poi, per 10 minuti, io lo pulisco, lo cambio e lo rimetto dormire. Che senso ha? Potrei anche rimanere fuori a portare a casa un po' di soldi in più".

Poiché tenere un neonato che strilla prima della poppata o cambiare un pannolino fradicio, non sembrano contributi importanti, molti padri si sentono superflui ed esclusi dalla possibilità di avere un ruolo centrale per i loro bambini, finché questi sono molto piccoli. Così essi rinunciano e si buttano nel lavoro, dove sanno di poter offrire un contributo visibile al benessere della famiglia. Qui non sono in discussione i meriti dell'allattamento al seno; ma i suoi benefici possono produrre effetti secondari imprevisti, le coppie possono finire per considerare l'allattamento artificiale come un modo per favorire il coinvolgimento di padri.

Più gli uomini provano ad assumere un ruolo attivo nella cura dei figli, più confusa o negativa è perlopiù la reazione che suscitano nei propri genitori.

Molti raccontano che ogni volta si descriva al proprio padre qualche impresa compiuta con il figlio, il proprio padre rivolge, invece, una domanda sul lavoro. E quando i genitori vengono in visita, chiedono sempre notizie del nipote alla donna, anche se logicamente l'uomo è a conoscenza delle stesse identiche cose e magari anche di qualcosa in più.

Molti nonni considerano i tentativi dei figli di stabilire ruoli familiari paritari come una minaccia, oppure vi colgono una critica implicita ed inconscia alla famiglia " vecchio stile".

Questa tensione intergenerazionale, sottile ma efficace, impedisce al

---

[56] Scabini E., Iafrate R, (1997), "*Uomo e donna di fronte al percorso matrimoniale, alla separazione, al divorzio: aspetti psicologici e sociale,* Cinisello Balsamo, S. Paolo

padre di partecipare alla cura dei loro bambini come avrebbero auspicato.

"L'economia dell'occupazione e l'assenza di servizi adeguati per l'assistenza extra familiare all'infanzia spingono il padre a lavorare e le madri a rimanere a casa finché bambini sono piccoli. È previsto il congedo per la maternità, ma spesso non è pagato. Il congedo per la paternità, quando è previsto, è di solito breve, il tempo per far capire ai genitori come potrebbe essere occuparsi insieme del bambino, dopo di che tutto finisce. Quando entrambi i partner lavorano fuori casa, la mancanza di servizi per l'assistenza all'infanzia affidabile e poco costosa spegne l'entusiasmo dei neo genitori e li rende ansiosi per il fatto di essere costretti ad affidare bambini alle cure di qualcun altro.

Per i genitori che riescono a sconfiggere le pressioni sociali e ad organizzarsi in modo tale da rimanere entrambi più tempo a casa, la netta differenza tra lo stipendio degli uomini e quello delle donne rappresenta un ulteriore peso finanziario e destabilizzante a carico della famiglia. Queste realtà pratiche possono rivelarsi alla fine insostenibili, e spingere i partner ad assumere ruoli genitoriali più tradizionali di quelli che avrebbero voluto".[57]

Per ironia della vita, molti partner spendono enormi energie per decidere di avere un figlio, per prepararsi ad accoglierlo nella propria vita, solo per accorgersi, dopo, che il matrimonio è entrato in crisi.

Come fanno notare Scabini e Iafrate, nelle ricerche fatte negli ultimi dieci anni le coppie serene, costituiscono decisamente una minoranza. In effetti, quasi tutte le ricerche sulla transizione da coppia a famiglia mostrano come la maggior parte dei neo genitori siano, in qualche misura, delusi dal matrimonio.

Si è tentati di attribuire la colpa della situazione di crisi, a due fattori correlati:

Innanzitutto, dopo la nascita del bambino il tempo diventa il bene più

---

[57] Scabini E., Iafrate R, (1997), "*Uomo e donna di fronte al percorso matrimoniale, alla separazione, al divorzio: aspetti psicologici e sociale,* Cinisello Balsamo, S. Paolo

prezioso. Le coppie affermano che, semplicemente, le ore del giorno non sono abbastanza per badare al bambino, mandare avanti la casa, andare a lavorare, scambiare due chiacchiere con un collega o un amico e dare un impulso al rapporto.

In secondo luogo, anche se una coppia riesce a ritagliare un po' di tempo per sé, un tale sforzo sembra richiedere una grande mobilitazione di forze da parte di entrambi i coniugi: occorre trovare una baby-sitter, preparare il biberon, lasciare le istruzioni. I genitori affermano che, alla fine, non rimane nulla della spontaneità che aveva mantenuto viva la loro relazione finché erano solo una coppia.

Come si nota, il senso del sé dei genitori prende direzioni impreviste. Il padre sente la responsabilità del mantenimento della famiglia, la madre si chiede che cosa fare con il lavoro e la carriera. Cresce l'insoddisfazione per la divisione del lavoro ed ottenere il sostegno dei genitori, degli amici e dei colleghi risulta difficile.

Poiché questi cambiamenti sono in gran parte inattesi, e poiché comportano implicazioni diverse per la vita degli uomini e delle donne, i partner finiscono per avvertire che anche l'equilibrio tra di loro si sta modificando. Queste tensioni e pressioni crescenti cominciano a influire sugli aspetti più intimi della relazione: la sollecitudine, la prossimità e la vita sessuale, il grado di conflittualità e disaccordo; la percezione del matrimonio in generale.

Alcune ricerche, rilevano Scabini e Iafrate, hanno anche sondato l'argomento riguardante l'intimità emotiva ed il sesso.

E' stato chiesto a moglie e marito di descrivere liberamente che cosa facessero per manifestare al partner la propria sollecitudine e, viceversa, che cosa facessero i partner per manifestare la loro. È apparso subito evidente che persone diverse esprimono la propria sollecitudine in maniera diversa, romantica o concreta: regalando fiori o facendo spese speciali, ascoltando con attenzione, cercando il contatto fisico, dedicandosi alle pulizie domestiche senza essere stati invitati a farlo.

Marito e moglie interpretano spesso il comportamento sollecito in un modo diverso: qualcuno cerca di stare vicino e di portare cose che rasserenino, ad altri, invece, piace essere lasciati in pace quando non si sentono molto bene. In molti casi, la moglie adotta un determinato comportamento con l'intenzione di mostrarsi sollecita, ma il marito spesso non la comprende. È come se i partner seguissero la regola aurea del comportamento sollecito “fa agli altri ciò che vorresti fosse fatto a te “, per poi pagarne le spese.

Comprensibilmente, a questo punto, gli individui in questione possono sentirsi feriti, fraintesi o non apprezzati.

Gli esempi di comportamento citati si riferiscono, per lo più, non al periodo che precede la nascita del figlio, ma in ogni ambito della vita famigliare.

I tempi dei cambiamenti che avvengono negli uomini e nelle donne non coincidono. Sei mesi dopo la nascita dei loro bambini le madri affermano di essere altrettanto sollecite verso i propri mariti come prima della gravidanza, ma i padri affermano di esserlo molto meno verso le proprie mogli.

Forse non a caso, questo è il periodo in cui la soddisfazione complessiva delle mogli per il matrimonio cala maggiormente. È possibile che questo sottile cambiamento nell'intimità tra i partner alteri la percezione che le donne hanno dell'intera relazione.

Secondo mogli e mariti, tra il sesto il diciottesimo mese dopo la nascita di un bimbo, le donne sono meno sollecite nei confronti dei propri mariti di quanto lo fossero un anno prima. Questo è l'anno in cui la soddisfazione complessiva degli uomini per il matrimonio crolla.

“Non sappiamo se la minore attenzione di cui sono fatti oggetto contribuisca alla minore soddisfazione per il matrimonio, o se l'immagine sempre più negativa del matrimonio da parte di uno dei partner porti a un comportamento meno sollecito. Sappiamo solo che la naturale preoccupazione per la cura del bambino sembra rendere i

genitori meno capaci di prendersi cura l'uno dell'altro".[58]

Mariti e mogli lamentano anche un peggioramento della relazione sessuale dopo la nascita di un figlio. La frequenza dei rapporti sessuali diminuisce, in quasi tutte le coppie, nei primi mesi dopo il parto, dopo essere precedentemente diminuita, in circa la metà di loro, durante gli ultimi mesi della gravidanza.

Diverse donne dichiarano che tutto quello che possono fare è tenere gli occhi aperti fino alle nove. Appena il bambino si addormenta corrono a letto, aggiungendo che la maggior parte delle sere dormono ancora prima di appoggiare la testa sul cuscino.

Le ragioni che impediscono ai neo genitori di avere rapporti appaganti sono di ordine sia fisico sia psicologico. Alcune donne guariscono lentamente da cicatrici conseguenti al parto che possono rendere il rapporto molto doloroso. Per altre, sono appena finite le temporanee infezioni mammarie, o sono imbarazzate dal latte che sgorga quando si eccitano. Anche senza alcuno di questi impedimenti alla spontaneità o alla sessualità, quasi tutte le madri sono spossate durante i primi mesi di quella che viene percepita come una cura ininterrotta del bambino.

"Un impedimento psicologico più sottile, di cui si parla poco, è connesso con i cambiamenti che avvengono nell'identità e nei ruoli di entrambi i partner. Le mogli non riescono più a vedere il proprio partner solo come un marito, ma lo percepiscono anche come un padre normativo. I mariti non riescono più a vedere le proprie mogli o donne o amanti, solo in quanto tali, ma anche come delle madri che spesso è bene non eccitare".[59]

Forse l'interferenza maggiore con ciò che accade nella stanza da letto proviene da ciò che accade tra i partner al di fuori della stanza da letto. Per alcuni, per esempio, fare l'amore diventa un problema dopo la nascita del figlio/a.

---

[58] Scabini E., Iafrate R, (1997), "*Uomo e donna di fronte al percorso matrimoniale, alla separazione, al divorzio: aspetti psicologici e sociale,* Cinisello Balsamo, S. Paolo

[59] Ibid.

Alcuni mariti ritornano a casa dopo una giornata pesante di lavoro sulle spalle, ritrovano davanti a sé una moglie che li incalza con i problemi del figlio, dell'idraulico che non è venuto, della baby-sitter con una nuova malattia, che non potrà essere presente nella giornata richiesta.

Andare a letto, guardare la televisione per pochi minuti, i mariti che si avvicinano per accarezzare le mogli, e mogli che li allontanano, provando poi sensi di colpa per non essere disponibili, sono le cose che più semplicemente accadono in un menage normale, familiare, perdendo, però, l'opportunità di rivolgersi l'uno all'altra con spirito di collaborazione o con fiducia. È così che prende consistenza lo scenario comune in cui uno o entrambi i partner non si sentono " in vena".

Se, da un lato, uomini e donne tendono a fornire descrizioni simili dei mutamenti negativi avvenuti nella loro relazione sessuale dopo la nascita di un figlio, dall'altro vedono spesso i cambiamenti positivi in modo diverso.

I padri individuano un minor numero di cambiamenti positivi nella relazione sessuale, mentre le madri individuano più o meno lo stesso numero di cambiamenti positivi in ogni fase. Questa percezione è ben rappresentata dalla coppia protagonista del film di Woodi Allen " Io e Annie". I partner, interpretati rispettivamente da Woodi Allen e Dienae Keaton, vengono inquadrati separatamente mentre, dopo un periodo difficile della loro relazione, dialogano con i rispettivi psicoterapeuti. La psicoterapeuta della donna domanda alla sua paziente con quale frequenza abbiano avuto rapporti sessuali, e lei risponde: "*Oh... Continuamente. Almeno tre volte alla settimana*". Lo psicoterapeuta dell'uomo rivolge al suo paziente la stessa domanda, cui lui risponde: "*Uh, quasi mai. Solo tre volte alla settimana*".

Sempre più spesso, afferma Scabini, ci sono coppie che dichiarano che moltissime cose che non erano state importanti prima di diventare genitori, improvvisamente, iniziano a creare problemi.

Per esempio, molte coppie non avevano mai stabilito a chi toccasse ripulire dopo la cena: lo faceva chi aveva tempo. Ma dopo il parto, tutto ciò, si trasforma in un punto nodale. L'uno è stanco per le giornate di lavoro, l'altra stressata per aver lottato tutto il giorno con i bisogni del figlio. Se non si aiutano a vicenda, rischiano di litigare ancora prima di comprendere il motivo.

Ovviamente, la maggior parte delle coppie non passa dalla perfetta felicità, alle grida e malumori subito dopo l'arrivo dei figli. Ma, indipendentemente dal livello di disaccordo e conflittualità presente prima della nascita dei bambini, nel periodo compreso tra la gravidanza e il diciottesimo mese dopo il parto, risulta un numero medio di conflittualità molto alto.

Dato questo aumento generalizzato della conflittualità coniugale, molti ricercatori si sono proposti di scoprire che cosa accadesse della soddisfazione matrimoniale delle coppie che affrontavano la genitorialità.

La nuova ideologia della parità tra uomini e donne ha prodotto una serie di innovazioni sul fronte del lavoro, nel senso che oggi è più probabile di un tempo che le madri abbiano un'occupazione esterna. La maggior parte delle coppie, tuttavia, non è preparata a reggere la tensione prodotta dal tentativo di stabilire relazioni familiari più paritarie, ed è questa tensione, che sembra portare uomini e donne a percepire in termini più negativi il partner e il matrimonio.

Nonostante la raffinatezza che la ricerca ha raggiunto, sono poche le informazioni sistematiche e sistemiche che ci possono aiutare a comprendere i processi ed i meccanismi che causano un calo della soddisfazione matrimoniale durante il delicato periodo di trasformazione della famiglia attraverso la genitorialità.

L'aumento della conflittualità e il calo della soddisfazione sessuale coniugale dopo la nascita di un bambino si spiegano in parte da sé. I cambiamenti importanti della vita, anche quelli positivi, sono fonte di tensione, e quelli negativi possono costare cari in termini di benessere.

Poiché nella fase di passaggio alla condizione genitoriale i cambiamenti avvengono costantemente in una direzione negativa, potremmo aspettarci di osservare un calo della soddisfazione per il matrimonio; inoltre, quanto più negativi sono i cambiamenti, tanto maggiore dovrebbe essere il calo della soddisfazione matrimoniale.

Fortunatamente non è sempre così. Recenti ricerche, rileva Eugenia Scabini, hanno riferito che gli aspetti riguardanti la genitorialità, non sono sempre solo negativi. Nonostante la perdita della propria identità di amanti, le divisioni più tradizionali del lavoro familiare, la minore soddisfazione per i propri ruoli, le mutate opinioni sul modo di allevare figli, il minor sostegno sociale o immutati pattern di lavoro, non implicano necessariamente un calo della soddisfazione del matrimonio.

Benché ciascuno di questi aspetti della vita sia collegato al modo in cui i partner percepiscono il matrimonio in un dato momento, al peggiorare della situazione nel tempo non corrisponde necessariamente un calo della soddisfazione del matrimonio.

Le coppie pianificatrici e quelle-che-accettano-il-destino continuano a sentirsi soddisfatte del rapporto anche dopo la nascita dei figli.

Le coppie ambivalenti e quelle tutto sì o no, affermano di sentirsi meno appagate oppure, addirittura, molto angosciate dal matrimonio dopo aver avuti figli.

In sintesi, è possibile affermare che, una parte del calo della soddisfazione matrimoniale deve essere attribuita alle coppie che non avevano intrapreso il viaggio verso la condizione genitoriale, sicuri della decisione presa.

3.5 Il mantenimento dei "confini" tra le figure "Genitore-Adulto-Bambino", Coniuge v/s genitore

Sulla base dell'analisi transazionale le figure che all'interno di ognuno di noi si muovono, interagiscono, si sovrappongono e si scambiano sono quelle dell'io Bambino, dell' io Adulto e dell'io Genitore. Essere in armonia con noi stessi significa avere queste tre aree della psiche non sovrapposte e confuse tra loro ma che si "parlano" comprendendosi, in armonia tra di loro in modo da costituire un Sè unico e in equilibrio.

Quando ci relazioniamo con gli altri non facciamo altro che porre in comunicazione i tre stati dell'io identificati da Berne nelle sue teorie elaborate tra gli anni '50 e '60 con i tre stati dell'io dell'altra persona.

I problemi cominciano quando le relazioni che intraprendiamo vengono fatte a stadi diversi, a quel punto la relazione potrebbe prendere strade tortuose, conflittuali o anche non incontrarsi proprio.

Classicamente l'analisi transazionale viene divisa in quattro aree principali:

- *l'analisi strutturale,* che si occupa dello studio dei processi intrapsichici dell'individuo
- *l'analisi delle transazioni,* che si occupa delle modalità relazionali tra persone
- *l'analisi dei giochi psicologici,* che si occupa di quei sistemi particolari di comunicazione distorta che danno come risultato un rafforzamento della fisiopatologia delle persone coinvolte
- *l'analisi del copione,* che si occupa della comprensione, della descrizione di quelle convinzioni limitanti su di sé, sugli altri, sulla vita che l'individuo ha, del piano di vita che egli su di esse costruisce e delle modalità operative con le quali lo mette in atto.

Berne chiamò ciascuno di questi fenomeni, stati dell'Io, caratterizzati da un modo distinto e coerente di pensare, sentire e agire. La parte logica, razionale, risultava analoga al pensiero adulto, e la chiamò Stato dell'io Adulto; l'altra parte era creativa e con caratteristiche infantili, e quindi la denominò Stato dell'io Bambino.

Al fine di rendere chiaro e più comprensibile ciascuno di questi Stati, li separò, disegnandoli in un cerchio e scrivendoci dentro la lettera iniziale di ogni stato. In seguito venne poi identificato anche uno stato dell'io Genitore, a completare gli elementi che costituivano l'intera personalità.

Berne, inoltre, influenzato da alcuni studi di cibernetica, esplorò molto attivamente le varie teorie della comunicazione e dopo aver delineato i tre stati separati, unì a questo concetto le sue conoscenze di cibernetica. Definì i diversi livelli di comunicazione, transazioni, rappresentandoli con dei vettori a linee continue o tratteggiate a seconda della loro natura.

La linea continua rappresenta il messaggio verbale dato a livello sociale, mentre la linea tratteggiata indica un messaggio non verbale, nascosto, dato a livello psicologico.

Attraverso la consapevolezza, (diagnosi), e l'analisi, (transazionale), un individuo può raggiungere un *insight* su se stesso, interrompere i suoi giochi e raggiungere un miglior livello di controllo sociale.

Una terza fase dell'analisi, chiamata analisi del copione, è focalizzata sul motivo per cui le persone scelgono giochi psicologici differenti, mostrando una tipologia specifica di personalità.

E' possibile considerare questa fase come la più importante e operativa ed è stata, nel corso degli anni '60 e '70, molto sfruttata dai terapeuti della coppia, al fine di far raggiungere un'elevata coscienza relazionale dei coniugi.

"Gli stati dell'io possono essere direttamente reinvestiti di energia attiva in condizioni particolari, due o più Stati dell'io distinti possono lottare per rimanere integrati e possono esistere contemporaneamente in modo cosciente. Gli Stati dell'io primitivi sono conservati in una condizione latente, in attesa di essere reinvestiti di carica"[60].

Esiste uno stato infantile residuo dell'Io nella persona adulta, il quale resta abitualmente inattivo ma, in qualsiasi caso, può essere reinvestito con facilità.

Eric Berne formulò le sue teorie sugli stati dell' Io partendo da una serie di studi sulla natura dell'intuizione pubblicate tra il 1949 e il 1962 e poi raccolti in un volume nel 1977. In questi lavori descrisse l'intuizione nei bambini, come della capacità che essi hanno di usare un sistema interno

[60] Moiso C., Novellino M., (1982), *Stati dell'Io,* Roma, Astrolabio

inconscio o coscio per emettere giudizi appropriati, basandosi non solo su dati ovvi, cioè quelli rilevabili da un osservatore adulto, quanto su alcune informazioni più latenti e manifeste.

"Un esempio dell'uso dell'intuizione da parte del bambino è quello del rifiuto apparentemente immotivato che egli oppone a una certa persona estranea che cerca di ingraziarselo, mentre invece accetta le attenzioni di chi si mostra schietto e disponibile nei suoi confronti.

Anche se il comportamento osservabile di queste due persone può apparire identico, il bambino sembra avere ricettori psicologici che lo informano sulle intenzioni nascoste di chi lo avvicina; il bambino sa di chi può fidarsi o no, ma non ha modo di sapere come lo sa". [61]

Focalizziamo ora l'attenzione su un'altra parola chiave dell'approccio, lo *scambio simbolico*, osservando cioè le relazioni familiari da un punto di vista più dinamico, di ciò che si dà e si riceve, di ciò che si scambia in famiglia.

La teoria dello scambio è stata utilizzata spesso dalle scienze sociali per spiegare la dinamica familiare.

Vengono individuate fondamentalmente tre tradizioni a tal proposito, una psicodinamica, una transgenerazionale e infine una di tipo antropologico-etnologico.

La prima corrente storica della teoria dello scambio è quella dello scambio interpersonale in termini utilitaristici. Secondo questa concezione, nella famiglia i membri si muovono solamente alla ricerca di ricompense e relazioni familiari in vista di una gratificazione reciproca, sia di tipo affettivo sia economico. La coesione familiare e la stabilità coniugale sono assicurate da un calcolo, anche inconsapevole, di costi/benefici.

La norma dello scambio utilitaristico si basa sulla reciprocità a breve termine. Il rapporto tra costi e benefici deve infatti tornare entro un certo tempo a favore dei secondi.

---

[61] Moiso C., Novellino M., (1982), *Stati dell'Io,* Roma, Astrolabio, pagg 13-16

La teoria dello scambio utilitaristico applica alle relazioni umane la logica mercantile dello scambio dei beni, si muove cioè secondo una logica di equivalenza, più che di unicità-totalità di ciò che ci si scambia.

In ambito psicologico questa teoria è stata utilizzata, oltre che per spiegare la stabilità-instabilità del matrimonio, anche per dar conto alla funzionalità-disfunzionalità del rapporto di coppia.

La teoria dello scambio è stata sottoposta a numerosi revisioni che vanno dalla teoria dell'equità, applicata allo studio delle relazioni familiari di stampo sociologico, fino al modello di investimento di stampo psicologico messo a punto da Caryl Rusbult nel 1980, che sviluppa la teoria dell'interdipendenza nel campo delle relazioni intime.

La seconda tradizione, psicodinamica transgenerazionale, è quella inaugurata da Boszormenyi-Nagy-Spark: lo scambio è su base etica più che utilitaristica.

Anche quando lo scambio è asimmetrico, come accade nella relazione genitori e figli (il genitore da cura e il figlio la riceve), deve essere giustificato da un principio di giustizia.

Tale principio si basa sui bisogni di sviluppo del bambino. Il bambino ha diritto di ricevere cure per la sua condizione di dipendenza e il genitore gli deve delle cure. Lo scambio, cioè, è motivato dalla necessità di compiere il proprio dovere e da una sorta di altruismo prescrittivo. (Finch 1989). Esso è più evidente nelle relazioni tra genitori e figli, ma vive anche nell'impegno che regge la relazione coniugale.

Va notato inoltre che lo spettro multi generazionale tipico di questo approccio dilata lo scambio nel tempo. Lo scambio tra genitori e figli, oltre che nel presente, va letto nell'arco multi generazionale: si deve, infatti, tener conto anche delle esigenze e dei diritti che provengono dalle generazioni passate e dalle conseguenze che potranno coinvolgere le generazioni future.

Così il rapporto tra genitori e figli vive un bilanciamento etico intergenerazionale. I genitori, dando cure ai figli, in parte ripagano i loro genitori per quello che a loro tempo hanno ricevuto. Si tratta di una reciprocità differita: si restituisce in avanti più che indietro.

Mettere al mondo una nuova generazione, assumendosi la responsabilità genitoriale è il fondamento del codice etico che lega tra di loro le generazioni.

Sotto questo aspetto una genitorialità disfunzionale è intesa come una risposta a una mancanza di cure e ad un'ingiustizia subìta da parte delle ultime generazioni. In questa concezione di scambio, la reciprocità non è, dunque, a breve termine, ma piuttosto a lungo termine.

Questo approccio ha favorito la comprensione delle dinamiche psichiche della famiglia, sia allargando la visuale in senso multi generazionale, sia introducendo con forza gli aspetti di vincolo dei legami familiari, spesso sacrificati da una visione puramente affettiva degli stessi.

Boszormenyi-Nagy vede la famiglia attraversata dal familiare. Tale corpo familiare è costituito da fibre invisibili di realtà che legano tra di loro le generazioni. Il limite di questa posizione risiede in uno sbilanciamento sul versante etico.

La fiducia e l'apertura di credito non sono, per questa corrente, aspetti originari del legame, ma sono derivati e possono verificarsi solo se si sono attuati comportamenti giusti tra le generazioni.

La terza tradizione si rifà alla prospettiva di stampo antropologico-sociologico, (Levì-Strauss 1967). Tale tradizione si contrappone nettamente ad una lettura utilitaristica dello scambio tra gli uomini e si differenzia anche da una lettura in termini esclusivamente etici.

Il dono è la categoria centrale di questo approccio che ha sostanzialmente indagato la formazione del legame sociale e la sua fisiologia. L'approccio incorpora l'aspetto etico, che non è a sé stante, ma è l'altra faccia del dono: questi autori parlano di " sistema del dono". Il dono è inteso come espressione di un atto fiduciario.

All'origine di un nuovo legame (si pensi per esempio all'incontro tra due tribù primitive), vi è un dono di apertura, *opening gift,* segno di fiducia, che, se ricambiata con un altro dono, che è in genere non equivalente, ma migliore, da luogo ad una relazione sociale.

Si è applicata questa concezione al legame familiare, ribaltando l'opposizione che vede l'obbligo e il debito come primari e pone con forza il dono come costruttivo legame familiare.

Il dono è, infatti, la caratteristica del legame incondizionato, il legame familiare si alimenta di azioni che prestano fiducia all'altro. In questo approccio, perciò, la fiducia rientra a pieno titolo come elemento costruttivo dello scambio.

Si ritiene che “il sistema del dono”, dia conto della dinamica complessiva dello scambio entro la famiglia, purché si mantenga sempre vivo il doppio versante di dono-debito o (dono-obbligo).

Nel dono-debito ritroviamo, infatti, la compresenza originaria della qualità affettiva e della qualità etica. Il dono è una caratteristica del legame familiare, che ha alla sua origine un *quid* gratuito. Quando questo elemento di gratuità è assente, ci troviamo di fronte alla patologia relazionale di chi non è in grado di donare, ma usa e sfrutta l'altro, poiché, il dono convive con le due facce della medaglia, il debito e l'obbligo.

Tutto ciò emerge chiaramente dalla dinamica dello scambio tra generazioni che accompagna la nuova nascita. La nascita è frutto di un dono, il dono della vita, ma il figlio, che ha ricevuto la vita dai propri genitori, si trova legato ad un grande debito di riconoscenza per quello che da essi ha ricevuto.

“In una prospettiva multigenerazionale questa componente di dono fiducioso e di debito doveroso si mostra fortemente interconnessa. Il gioco delle parti, che attribuisce rigidamente ai genitori la parte del dono e ai figli quelle del debito è falsa o perlomeno parziale. Infatti, anche i genitori, in quanto a loro volta figli, hanno ricevuto la vita in dono. In sostanza, sia i genitori che i figli sono accomunati sia dal dono, che dal debito.

Questa realtà può, però, essere psicologicamente deformata a favore di uno solo dei due aspetti: I figli possono sentirsi fortemente indebitati, schiacciati, colpevolizzanti nei confronti dei genitori che hanno dato loro la vita, e questi ultimi possono sentirsi come coloro che hanno dato e danno, senza considerare che ciò che hanno ricevuto o ricevono dai propri figli".[62]

Le relazioni familiari si snodano, quindi, secondo Scabini e Iafrate , tra il dono-debito, tra il dare, il ricevere e il ricambiare.

Ogni tipo di relazione è alimentata e impegnata in una sua forma specifica di cura: cura della reciprocità, cura responsabile, cura dell'eredità sono i tre compiti simbolici, rispettivamente della relazione coniugale, della relazione genitoriale e della relazione tra le stirpi.

Nelle famiglie sane si ricambia, non tanto e non solo, per l'obbligo morale, ma perché mossi dal desiderio di restituire. In questi casi ci si identifica con la fonte del dono e si è spinti a donare a propria volta da un punto di vista psichico e quindi è cruciale il processo di identificazione. Così i giovani genitori, per trasmettere a loro volta la vita fisica e psichica ad una nuova generazione, devono avere la possibilità di identificarsi, come figli, con fonti benefiche, cioè donative.

Quando tali fonti benefiche non sono presenti, (per esempio nei casi in cui i giovani genitori provengano da famiglie segnate da trascuratezza, abusi, separazioni, perdite, ecc), occorrerà che i membri della famiglia ne elaborino il lutto e siano aiutati a perdonare, recuperando così, con un lavoro auto-riflessivo, che è il centro dell'esperienza terapeutica, la sostanza etico-affettiva che sta al cuore dell'uomo.

Lo scambio simbolico tipico delle relazioni familiari consiste dunque nel dare all'altro ciò di cui si suppone abbia bisogno: si è mossi dalla fiducia che l'altro ricambierà con una moneta simile quando potrà. Non è detto che si raccolgano i frutti di ciò che si è seminato nell'arco della propria vita: la restituzione avviene piuttosto nell'arco delle generazioni.

Per essere in grado di catturare "il familiare" occorre sapersi elevare al di

---

[62] Scabini E., Iafrate R., (2003), *Psicologia dei legami familiari*, Bologna, Il Mulino, Pagg. 57–61.

sopra del presente e della propria vita. È compito del "familiare" infatti, mantenere il legame tra i vivi e morti, tra le generazioni passate e quelle presenti e future. La reciprocità è nei tempi lunghi e può realizzarsi se è sostenuta da una tenace fiducia e speranza nel legame. Un mantenimento distinto delle figure di Genitore e di Coniuge, di genitore ma, a propria volta, di figlio nei confronti dei propri genitori; di genitore verso i figli, ma anche di coniuge verso l'altro, è necessario al fine di non creare confusione, né nelle menti delle generazioni in crescita, né negli adulti coinvolti nelle relazioni interpersonali.

Queste distinzioni non sono solo importanti per una chiarezza di ruolo e di "funzioni", ma anche per un equilibrio socio-familiare delle figure di riferimento, per le funzioni affettive e di educazione.

Le nuove generazioni hanno bisogno di un punto di riferimento sicuro nel mare dell'incertezza e dell'inesperienza, al quale potersi appoggiare se richiesto. Il coniuge ha bisogno di interagire con un altro adulto al pari suo e di sapere che può contare su di una figura "matura", che lo possa aiutare nell'educazione dei figli quando necessario.

Il coniuge non deve confondere il tipo di Amore distribuito ai figli con quello di stampo più maturo e passionale del quale è investito dalla sua controparte. Spesso la parte bambina del proprio Sè soffre di gelosie inconsce, che si riflettono poi in atteggiamenti di rivalsa verso l'altro, che ha apparentemente trascurato l'adulto nei confronti del minore.

Un approccio maturo alle manifestazioni affettive tra i partner e la quantità di tempo designato ai figli, deve intervenire in maniera vigile e conscia. E' necessario, per bilanciare, trovare o ri-trovare un "tempo" per se stessi e la passione coniugale, che ripaghi le aspettative dell'affettività del "bambino interiore" che ognuno di noi conserva, che avrà sempre le sue esigenze affettive.

Dal momento in cui i coniugi divengono anche genitori, è inevitabile ed imprescindibile che debbano sdoppiare le loro figure, facendosi carico di due distinte, anche se pienamente interagenti, figure di riferimento.

I due ruoli che dovranno ricoprire dal momento della nascita di un figlio sono interattivi in entrambi i versi, ed è questa la maggiore difficoltà, con due livelli di scambio e di reazioni diverse.

3.6 La relazione con i nonni: un conflitto di interessi

La formazione della coppia coinvolge anche le famiglie d'origine dei due coniugi in quanto, come abbiamo già accennato, la loro unione comporta l'integrazione di altre due storie familiari e quindi, la regolamentazione delle distanze tra la coppia delle famiglie d'origine, oltre che il loro incontro.

"A partire dalle storie delle proprie famiglie, con le loro specifiche credenze modalità e comportamentali, i coniugi devono costruire una nuova storia, una terza via, frutto dell'integrazione delle prime. Il compito è quello di fondere due culture in una sola.

Le modalità di affrontare questo compito sono almeno tre, una positiva e due negative: quella di continuare la narrazione iniziata a partire dalle proprie famiglie in modo creativo, è quella di voler scrivere una storia totalmente nuova o al contrario di riprodurre quanto si è già stato narrato. La prima possibilità si pone in equilibrio rispetto alle altre due evitando sia il rischio di una totale diversificazione, sia quella di una pedissequa ripetizione. Con queste modalità integrative i due coniugi mostrano il senso di appartenenza alle proprie radici familiari e anche le capacità di rielaborarle mantenendo gli aspetti positivi contenuti in esse e proponendosi di modificare gli aspetti che ritengono deficitari. Tutto ciò è favorito dalla possibilità di avere a propria disposizione due storie familiari, facendo in modo che le credenze o le modalità comportamentali negative dell'una, in riferimento ad una specifica area di vita, possano essere sostituite con quelle positive, nella stessa area, dell'altra famiglia.[63]

---

[63] Gambini P., (2007), *Psicologia della famiglia. La prospettiva sistemico-relazionale*, Milano, Franco

Angeli, pag. 126

Il processo relativo all'appartenenza–differenziazione dell'identità delle famiglie d'origine fallisce, sia quando la coppia non riconosce in alcun modo la continuità con esse, sia quando, al contrario, ripete rigidamente il modello ricevuto senza portarne alcuna modifica. Nel primo caso, è come costruire nel vuoto, mentre nel secondo, la coppia si priva di una propria capacità generativa, non esprimendo nulla di nuovo.

Questo compito richiede ai due coniugi, in quanto figli, di attuare un nuovo tipo di legame con le famiglie d'origine: la coppia è chiamata a regolare le distanze dalle due famiglie d'appartenenza. La stessa cosa deve essere fatta da ciascuno dei partner con la propria famiglia in modo che si creino confini chiari e permeabili.

Coma afferma Paolo Gambini, il processo di distinzione dalla famiglia d'origine inizia durante il periodo del fidanzamento, per consolidarsi nel matrimonio e compiere un salto qualitativo alla nascita del primo figlio. Anche in questo caso è la soluzione intermedia a rappresentare la modalità funzionale: quella in cui fra la coppia, le famiglie di origine e ciascuno dei membri si stabiliscono le indipendenze, ma rimangono anche dei legami.

La nuova relazione comporta che tra i genitori, i figli e la coppia si realizzi un rapporto paritario di reciproco rispetto e sostegno, senza interferenze vicendevoli.

Solo in questo modo questo legame intergenerazionale potrà trasformarsi in una risorsa reciproca, piuttosto che in un vincolo. Al contrario, si presentano come disfunzionali le soluzioni estreme: quella della coppia che recide nettamente la relazione con la famiglia d'origine e quella che le permette di invadere lo spazio di coppia.

La prima modalità si fonda su meccanismi di negazione che non permettendo un'adeguata elaborazione della separazione faranno in modo che lo stesso problema si ripresenti per esempio al momento dello svincolo dei propri figli. Nel secondo caso, invece, non sarà possibile costruire una solida identità di coppia, perché i figli sono ancora impegnati nelle proprie dinamiche familiari.

"Un fenomeno questo che a livello italiano è abbastanza delicato vista la

tendenza da parte delle giovani coppie di andare a vivere vicino ai propri genitori. Da alcuni dati Istat del 1994 appare che ben due terzi circa delle coppie in età di formazione della famiglia (in cui la moglie ha tra i 24 e i 44 anni), vivono entro un chilometro di distanza dalla casa dei genitori di uno dei due. Lo stesso vale per quasi la metà delle coppie più mature. Inoltre, il 78% dei genitori dai 45 anni in su che hanno due figli fuori casa dichiara di essere entrambi residenti entro un chilometro di distanza. Ciò significa che nel nostro paese non solo la maggior parte dei figli tende a vivere vicino ai genitori, ma anche a vivere vicino a fratelli e sorelle. Oltre a ciò vi sono delle ricerche che dimostrano anche la maggior frequenza con cui in Italia ci si vede tra parenti, rispetto a quanto accade negli altri paesi occidentali sviluppati. (Saraceno, Naldini 2001, pag. 76).[64]

La definizione dei confini con le famiglie d'origine rappresenta una vera propria cartina di tornasole sul processo di individuazione-separazione che i figli hanno realizzato nei confronti dei propri genitori e, viceversa, della capacità che essi hanno di separarsi dai figli.

Secondo Gambini, solo chi ha realizzato un buon percorso di emancipazione dai propri genitori è in grado di aprirsi ad una nuova relazione intima, pur continuando a mantenere con loro un solido legame. Tale percorso di individuazione-separazione è oggi reso più complesso a causa della prevalenza dei figli unici, del fenomeno della famiglia lunga e della dipendenza economica che le nuove coppie continuano a mantenere nei confronti della famiglia di origine.

In riferimento alla definizione dei confini, la coppia deve anche essere in grado di costruire rapporti equi con entrambe le famiglie di origine. Oggigiorno la famiglia della donna tende a essere preminente. La coppia, invece, dovrebbe impegnarsi a garantire un equilibrio relazionale anche da questo punto di vista.

---

[64] Gambini P., (2007), *Psicologia della famiglia. La prospettiva sistemico-relazionale*, Milano, Franco

Angeli, pag.127

A questo proposito non va infatti dimenticato come i coniugi non siano chiamati solo a uscire dalla propria famiglia, ma anche a fare il loro ingresso in una nuova famiglia.

La disponibilità di ciascuno dei partners verso una nuova famiglia, oltre che rendere possibile il processo di lealtà nei confronti di entrambe le famiglie, favorisce il passaggio dalla posizione di figli a quella di coniugi e la formazione dell'identità della coppia.

In conclusione, accenniamo che anche le famiglie d'origine, con l'uscita dei figli dal proprio nucleo, sono chiamate a ridefinire le proprie relazioni.

Troppo spesso, invece, questi confini non meglio definiti, comportano il fatto che, se da una parte è molto comodo poter contare sull'apporto logistico, educativo, economico ed affettivo dei "nonni", è altresì vero che poi ciò viene criticato dai genitori per via delle comprensibili intransigenze e critiche sul piano educativo che potenzialmente emergono.

Difficile, peraltro, da parte dei nonni fare solamente i "nonni". La funzione dei nonni non dovrebbe essere infatti quella di "*educare*", nel senso di "disciplinare" i nipoti, ma quella di investirli di una carica affettiva più matura e di "*educare*", nel vero senso etimologico della parola "*eudocos*" dal greco o latino *educere "tirar, condurre fuori"*, con riferimento alle capacità, potenzialità, inclinazioni dei propri nipoti, sfruttando proprio quelle posizioni "privilegiate" che i nonni possono assumere in virtù del fatto che, se la figura del padre è una figura normativa, quella del nonno può essere più di appoggio e di complicità affettiva.

3.7 I fattori Destabilizzanti

3.7.1 - Il figlio inatteso

Non è inusuale sentire coppie che hanno avuto figli dire, proprio mentre presentano il proprio figlio, che è un figlio arrivato in un modo o momento inatteso. La programmazione o l'evento fortuito non è un fattore molto importante ai fini della Paternità o Maternità, quanto invece il fatto che questo evento sia desiderato e, desiderato da entrambi.

Come sostiene Marianna Pacucci in "*Educare in Famiglia, un'impresa esaltante,* alcune coppie si ritrovano genitori in un modo del tutto inatteso, non per questo non ne sono felici o, per contro, diranno mai a nessuno, che il figlio non era in programma o inatteso.

Se felici dell'evento, sarà perché il "germe" della genitorialità è già dentro ad entrambi e l'arrivo di un figlio in questo caso è, non solo il benvenuto, ma spesso "benedetto".

Diverso il caso in cui la genitorialità non era attesa né programmata, specialmente se questo è da parte di uno soltanto dei componenti della coppia. Questo evento è in grado di destabilizzare fortemente la coppia e rischia di avere conseguenze veramente disastrose e devastanti.

Il componente la coppia che non lo desiderava o non lo attendeva o che non era in quel momento pronto ad intraprendere un cammino di genitorialità si sentirà "tradito" dall'altro e psicologicamente inizierà a percorrere una strada che potrebbe discostarsi inevitabilmente dal percorso del partner, pensando che l'altro ora abbia ciò che desidera ed invece, lui, lo debba cercare altrove con altri stimoli ed interessi. Questo non favorirà certamente il dialogo di coppia né tanto meno l'educazione della prole in seguito.

Per la comprensione di quanto i problemi di coppia possano dipendere da scelte più o meno inconsce ci viene in aiuto la teoria del "determinismo psichico".

Dimenticarsi di prendere un anticoncezionale, di non fare particolare attenzione al fatto di non procreare in quel dato momento; piccoli (anche se spesso determinanti) lapsus, che favoriscono in un modo o nell'altro, il fatto di diventare genitori, dimostrerebbero che: anche se a parole l'intenzione conscia è quella di non avere figli in quel momento, il desiderio inconscio è invece quello di avere un figlio, e di averlo proprio in quel dato momento.

Se entrambi i "futuri" genitori fossero sulla stessa lunghezza di quell'idea, potrebbe andare tutto bene, diversamente, è proprio a partire da quest'evento che le strade potrebbero cominciare a dividersi e a favorire destabilizzazioni future.

3.7.2 - Credenze e metodi educativi differenti

Le storie familiari, come è stato detto in precedenza, affondano le radici nei miti e nelle credenze che ci si porta dietro con l'educazione della famiglia d'origine, e che dovranno essere integrate e mescolate con quelle del partner, per una migliore e più efficiente vita comune.

Il problema nasce quando non si è disposti a questa integrazione perché "troppo" convinti che i sistemi educativi ricevuti, siano i soli ed i più corretti, da trasmettere a propria volta. Lo scontro in questo caso è spesso inevitabile.

Il passato e l'esperienza, passano sicuramente da un "noi" figli ad un "noi" genitori e, di conseguenza, anche viceversa, da un "noi genitori" ai figli, senza che necessariamente debbano essere imposti con energia conscia.

Paolo Gambini trattando dei compiti di sviluppo in riferimento alle famiglie di origine, inoltre, sostiene che non necessariamente devono essere imposti anche al partner come l'unica "legge" utile per l'educazione dei figli. L'integrazione e la tolleranza verso i sistemi educativi messi in atto dalla controparte sono alla base di una potenziale ricchezza che la famiglia nascente potrebbe avere e che sarebbe un peccato non poter sfruttare. I figli, peraltro, in un'ottica perversa del "dividi et impera" che, anche solamente istintualmente, hanno fin dalla più tenera età, tendono a mettere alla prova, sia il più forte, che le teorie più solide. Sotto il cappello dell'antico adagio: "tra i due litiganti il terzo gode", non appena i due genitori si ritrovano a scontrarsi per qualche disaccordo sul sistema educativo, ecco che puntualmente i figli trovano il modo per allearsi ora con uno ora, con l'altro, sfruttando il principio del "maggior vantaggio".

Il Sistema (famiglia), è alla costante ricerca di un equilibrio, per far ciò, quindi, anche alla costante ricerca di alleanze che lo mantengano tale. Tutto ciò nell'ottica dell'egoistica regola del "maggior vantaggio" con il minimo "danno" o sforzo.

Giocando così la partita da ambo i lati, dove e quando meglio conviene, i figli riescono spesso ad avere il massimo vantaggio per se stessi, costruendo e rompendo alleanze di volta in volta sempre più vantaggiose, ma causando, spesso senza nemmeno rendersene conto, forti contrasti e destabilizzazioni in coppie che hanno già discrepanze anche se fino a quel momento, non così evidenti.

Dal canto loro i genitori dovrebbero cercare di confrontarsi prima con i propri "miti" educativi e poi verificare con il partner la veridicità, l'utilità e la coerenza delle politiche educative messe in comune.

3.7.3 - Aspettative sulle capacità dei figli V/S inclinazioni naturali

Se si potesse fare un'indagine sulle aspettative dei genitori verso il "QI atteso" dei propri figli, le risposte, probabilmente, porterebbero alla luce un'alta percentuale di negazione e di non obbiettività dei genitori sulla possibilità che il proprio figlio possa anche non avere un QI atteso e che spesso non necessariamente è "quel" tipo di intelligenza specifica.

Howard Gardner, per fortuna, ci ha spiegato, (e salvato tante coppie da un'onta annunciata), con la sua teoria delle intelligenze multiple, che non esiste un solo tipo di intelligenza, ma una pluralità di intelligenze alle quali poter fare riferimento. Il problema quindi, molto spesso, non sono le intelligenze dei figli, ma le diverse aspettative genitoriali che non incontrano il tipo di intelligenza che i figli hanno e la scarsa capacità di accettare quella esistente, a scapito di quella attesa.

Ciò che ogni genitore dovrebbe tener in massimo conto sono le inclinazioni del figlio, prima che le proprie aspettative o desideri, (spesso sognati prima per se stessi). Nell'ottica costante dell'educare nel senso di "tirar fuori" anziché "mettere dentro", nozioni ed inclinazioni dei figli.

Se protesi a questo intento entrambi i genitori, il rischio di conflitti per la ricerca delle naturali inclinazioni dei figli diminuisce drasticamente perché, entrambi tesi alla ricerca di un interesse altruistico ed esterno a se stessi.

Howard Gardner, sostiene infatti, con la sua teoria delle "Intelligenze Multiple" che, non esistendo una sola intelligenza bensì molteplici intelligenze, (inizialmente 7, poi 9, ora arrivate, pare, ad 11), ognuno di noi ha una sua "strada privilegiata" per arrivare ad essere veramente bravo in qualcosa, così facendo ad essere soddisfatto e gratificato di se stesso, ed apprezzato.

Sarebbe quindi inutile spingere un figlio verso "prestazioni" in un dato campo, che non potrà raggiungere perché dotato di un altro tipo di intelligenza, differente da quello che gli viene richiesto. Un figlio con un'intelligenza "Matematica" potrà essere un buon scienziato o un bravo musicista se possiede anche senso del ritmo musicale, e non un creativo o un artista e viceversa chi avrà un'intelligenza creativa non sarà, con molta probabilità mai un buon Fisico Atomico.

I genitori avranno quindi il compito di aiutare ed incoraggiare i figli verso quelle che sono le loro inclinazioni molto più che le personali aspirazioni ed aspettative di successo dei figli. Il compito sarà quello di "tirar fuori" le reali potenzialità dei propri figli mettendo da parte le proprie aspettative in un campo specifico, rispettando ciò che sarà "in potenza" più facile, e di conseguenza più consono al tipo di intelligenza che i figli dimostrano di avere.

Questo è un approccio che è sicuramente più lungo, laborioso e faticoso ma che garantisce un maggior successo nell'armonia della natura dei figli e dell'armonia famigliare generale.

3.7.4 - La scuola, lo sport, il sociale

Spesso, sono i desideri interni dei singoli genitori, cose rimaste in sospeso, attività che non sono potute essere intraprese nel corso della propria vita che "spingono" dall'interno e, prepotentemente, vengono proiettate sui figli, che vivono in questo caso, loro malgrado, il grande riscatto alla vita dei genitori.

Se altamente positivo, potrebbe essere l'intento di genitori che non avendo potuto studiare o non avendo terminato un ciclo di studi, sono "propensi" e ben disponibili, anche a costo di pesanti sacrifici, a finanziare gli studi ed i palesi desideri o le inclinazioni dei propri figli. Diverso è se questi sono spinti loro malgrado a studi che non interessano e non sono, a volte molto chiaramente nelle "corde" dei figli. Questa è un'altra chiara causa di destabilizzazione dell'equilibrio del Sistema Famiglia che porta a rotture spesso non più sanabili fino alla fine del ciclo di studi o della vita in comune.

Gli accordi tra coniugi sotto l'aspetto dell'istruzione e delle naturali inclinazioni familiari dovrebbero essere discussi con serenità a tavolino, meglio in tempi non sospetti (già fuori dal ciclo di studi), per elaborare una strategia di ricerca di queste inclinazioni in modo da favorire anziché contrastare le potenzialità dei figli.

Questo risulta importante anche per il fatto che la scuola, dalla Primaria all'Università, ha una durata di 13/15 anni. Si capisce che un periodo così lungo potrebbe diventare un calvario se fosse tortuoso e difficile.

Maxwell Maltz nel suo libro "*Psicocibernetica, un nuovo metodo per dare più vita alla vostra vita*" afferma che anche per le inclinazioni ed i gusti sportivi: non è inusuale vedere genitori che discutono animosamente per la scelta dello sport da far fare ai figli. La madre spesso, anche per una questione di logistiche possibilità, considera il luogo e le distanze di dove dovrà accompagnare il figlio/a per la pratica, prima ancora dello Sport vero e proprio. Il Padre, non dovendolo accompagnare così spesso sarà più propenso a far praticare uno sport prestigioso agli occhi degli amici o dei colleghi, quando non addirittura quello che già pratica lui stesso per una ragione emulativa e/o di comodità logistica e di tempi. Quando sarebbe, invece, più facile ma soprattutto più consigliabile, chiedere ai figli quale sport piacerebbe praticare e, nel limite del possibile, cercare di assecondarli ed aiutarli.

A volte le liti tra partner avvengono anche per scarsa cultura sportiva o per luoghi comuni che ruotano attorno alla vita in quel dato ambiente sportivo. I calciatori tutti ignoranti, i ciclisti tutti dopati, i karateka tutti violenti e così via. Sostanzialmente tutti gli ambienti sportivi sono sani per definizione, meglio in palestra che in mezzo ad una strada.

La via migliore per evitare le discussioni è informarsi, capire, curiosare, domandare. Non smettere mai di avere dubbi, ma nello stesso tempo non cedere alla pigrizia di sondare prima i desideri e le inclinazioni di chi, poi, lo sport, dovrà farlo in prima persona, dando per scontato che gli adulti sanno ed i bambini o i ragazzini invece no. Ed infine discuterne insieme prima, senza il minore, condividendo un ventaglio di scelte che mettano d'accordo e dopo, confrontarsi con i figli.

Judith Rich Harris in "*Non è colpa dei genitori*" dichiara che: "*siamo per metà frutto dell'eredità biologica e per metà prodotto dell'educazione, e che, Padre e madre non sono né gli unici, né i più importanti protagonisti dell'ambiente in cui crescono i bambini".*[65]

Ancora più delicato, quindi quello delle amicizie. Già, perché, i Genitori non si scelgono ma, gli Amici SI. Questo, com'è facilmente intuibile, è un argomento veramente delicato. Un conto sarà cercare di indirizzare le amicizie ad otto anni, diverso sarà cercare di consigliare o sconsigliare un'amicizia in età adolescenziale.

Judith Rich Harris sostiene che, se si avrà seminato bene prima, allora dopo sarà più facile che i figli scelgano più oculatamente le proprie amicizie. Più che mai il "fronte comune" da presentare in questi casi è di importanza vitale per la stabilità non solo della coppia, ma anche della famiglia intera.

I figli durante tutto il corso della vita in seno alla famiglia d'origine provano a "spostare i paletti" sempre più avanti per vedere e provare dove realmente stanno i limiti della discussione, delle concessioni fatte. Diviene quindi essenziale l'accordo comune di coppia, una politica ed una strategia unanime per fare fronte comune alle richieste, alla prevenzione dei problemi, alle intransigenze della controparte che si vede, eventualmente, negare dei permessi o concessioni.

A volte, anche soltanto per pura esperienza di vita, appare evidente una situazione pericolosa o poco chiara, un'alta percentuale di rischio verso il quale il giovane sta andando o potrebbe andare. Se il fronte non è unanime, in accordo e coeso, oltre che allo smacco di non essere riusciti ad imporre le regole, se ne uscirà anche con un calo di stima, per la scarsa considerazione che i figli avranno di fronte ad una coppia che discute per divergenze di idee e politiche educativo/disciplinari.

Il seme della critica sociale, (cosa è il bene e cosa è il male), va posato fin dalla più tenera età. E' un lavoro lungo, caparbio, estenuante per certi versi, dove la guardia non si può abbassare nemmeno una volta. Dove è estremamente facile cadere in contraddizione con se stessi e in

---

[65] Harris J. R., (1999), *Non è colpa dei genitori,* Milano, Mondadori

contradditorio con il partner, lasciando in questo modo spazio a quel "famoso" cuneo che i figli sono sempre molto attenti ad infilare in mezzo, per avere uno dei due genitori "tutto per sè".

Le amicizie dissacranti e anticonformiste, si sa, sono sempre le più affascinanti. Il lavoro incessante può essere quello di insegnare dove sono posti i trabocchetti e le trappole della vita: lo sfruttamento, i ricatti psicologici, la droga, l'alcol, i soldi facili, l'inesistenza del "niente per niente", per citarne solamente alcuni.

Questo lavoro impegnativo e logorante non può essere fatto che in due, uniti e di comune accordo. La prima contraddizione non farà altro che dare un rinforzo potente alle convinzioni giovanili ed inesperte che vogliono vedere la realtà: facile, bella e comoda. Principalmente per non avere fin da subito la disillusione di un mondo bello, facile, nuovo, e pieno di opportunità che tutti i giovani sperano esista.

3.7.5 - Comprensione e accettazione dei diversi approcci educativi.

Ancora Judith Rich Harris sostiene la tesi che: i due partner che si uniscono per formare una famiglia, portano con se le loro storie famigliari pregresse, i loro miti, i loro sistemi educativi.

Un grande lavoro, purtroppo non sempre sistematico, è quello di unire ed integrare i due sistemi educativi per farne uno unico ed armonico, anche attraverso discussioni e scambi di vedute specifiche.

Una preventiva e saggia preparazione "a tavolino" sulle politiche ed i sistemi educativi può evitare molti conflitti in seguito, quando, sotto la pressione dei problemi da risolvere nell'immediato, si rasenta il panico e la confusione, anche mentale, prende il sopravvento lasciando poco spazio all'obbiettività ed alla razionalità.

Integrare i propri sistemi educativi con quelli del partner non può che rappresentare delle ulteriori opportunità per far crescere meglio i propri figli e se stessi. Accettare che anche l'altro possa avere qualcosa da dire e da trasmettere sotto l'aspetto educativo è già di per se stesso un passo in avanti verso la propria crescita interiore e una "maturazione" del rapporto di coppia.

Senza contare che rafforzando così l'alleanza di coppia, si rafforza l'alleanza educativa e si stabiliscono, non soltanto più chiari confini su chi è il genitore e chi il figlio, ma si stabilisce preventivamente una linea educativa unanime da seguire che sarà più facile mantenere quando occorrerà, con vigile senso di autocritica nei confronti dei propri sistemi e chiedendosi sempre se sono i migliori o sono anch'essi migliorabili.

Nel 1967, la studiosa di psicologia infantile Diana Baumrind individuò tre tipologie contrastanti di comportamenti genitoriali. Le definì tipo autoritario, permissivo e autorevole,[66] termini che la Judith Rich Harris, ha trovato poco chiari, per cui li ha sostituiti con: troppo duro, troppo dolce, e proprio giusto.

I genitori troppo duri sono autoritarie inflessibili: stabiliscono le regole e ne esigono l'osservanza con severità, se necessario anche a prezzo di punizioni corporali. Sono persone del tipo tace ubbidisci. I genitori troppo dolci sono esattamente l'opposto: dico nei figli di fare qualcosa, glielo chiedono. Regole? Quali regole? La cosa importante, secondo loro, e dare ai figli molto affetto.

La terza alternativa è: Proprio giusto. La Harris li descrive parlando dei consumatori di broccoli. I genitori proprio giusti danno un'offerta di approvazione ai figli, ma stabiliscono dei limiti e li fanno osservare. Persuadere figli a comportarsi bene facendoli ragionare, anziché ricorrere a punizioni corporali. Le regole non sono incise sulla pietra; questi genitori tengono conto dei pareri dei desideri di figli. In breve, proprio giusti, sono esattamente come dovrebbero essere genitori secondo gli americani di ceto medio di origine europea verso la fine del 20° secolo. Non credo che genitori seguono unico sistema nell'educare i figli, a meno che non abbiano figli tutti uguali. Io ho due figlie, dice la Harris, di cui una adottiva. Sono molto diverse fra loro, ma questo può capitare anche

---

[66] Baumrind, D., (1967), *Child care practices anteceding three pattern of preschool behavior*, in "Genetics
Psychology Monograph n° 75, pagg. 44-88

con fratelli biologici. Ho usato metodi assai diverse dalla lavarle. Molto raramente mio marito e io abbiamo seguito le regole rigide con la nostra prima figlia in genere non avevamo bisogno o con la seconda abbiamo adottato ogni genere di regola e nessun ha funzionato. Farla ragionare? Lasciamo perdere. Abbiamo finito per ricorrere al sistema tace ubbidisci. Ma anche quello non ha funzionato. Alla fine ci siamo dati più o meno per vinti, ma qualche modo ce l'abbiamo fatta tutti superare il periodo della sua adolescenza.

Le differenze tra famiglie sono spesso di carattere genetico, il che significa che molti risultati riferiti agli studiosi della socializzazione possono essere dovuti la trasmissione genetica di carattere tra genitori e figli. Quando i genitori hanno difficoltà a gestire la propria vita ad andare d'accordo con gli altri, i figli sono soggetti a un doppio pericolo, in quanto rischiano di ereditare geni negativi anche di avere una pessima vita familiare. Se queste bambine non hanno una buona riuscita, i loro problemi vengono di solito attribuite alla pessima vita familiare, ma invece potrebbero trarre origine dal patrimonio genetico negativo. In molti casi è impossibile stabilirlo.

Thomas Bouchard, studioso di genetica comportamentale della University of Minesota, è uno dei ricercatori che si occupano dello "Studio dello stato del Minnesota sui gemelli allevati separatamente".

Nel 1994 ha ammesso sulla rivista " Science" che " rimane in gran parte un mistero" il modo in cui la personalità dell'individuo adulto è stata condizionata dall'ambiente dell'infanzia. Forse è un mistero ancora più grande il perché gli psicologi siano rimasti così a lungo convinti che la personalità degli individui sia forgiata da una determinata combinazione di "natura" e " allevamento".

È stato dimostrato che la natura, ossia il DNA che riceviamo dei genitori, ha degli effetti, ma da solo non ne esaurisce il quadro della personalità. non è dimostrato invece che l'allevamento, ossia tutto ciò che viene dai genitori, abbia una particolare influenza, malgrado tutti gli sforzi compiuti in questo senso. Assume, alla luce di quanto sopra, particolare importanza, l'uniformare ed armonizzare degli stili educativi differenti, provenienti dai diversi genitori e dai diversi stili di vita e delle famiglie di origine, al fine di poter avere: una coerente ed univoca scelta di politica/line educativa o una differente ma condivisa linea che non entri in contrasto agli occhi dei figli. Come esempio: “Papà ti redarguisce in modo differente da mamma perché non siamo uguali, ma come fà è giusto e devi obbedire”.

3.7.6 - Capacità di autocritica. Dilatazione della coscienza genitoriale

Michael Winterhoff nel suo libro di oltre mezzo milione di copie vendute “Figli o Tiranni”, mette in guardia che : una buona dose di autocritica su quanto visto fin ora è indispensabile per la “crescita personale”, ma anche per capire in che fase della vita di coppia ci si trova rispetto al partner e rispetto ai propri figli. Non si può dare per scontato che quello che facciamo sia per forza sbagliato ma, nemmeno giusto. Un atteggiamento di “sana” autocritica è normale per tutti.

Nel caso dell’educazione dei figli e della gestione del manage famigliare assume, però, particolare importanza, perché, le ripercussioni sul rapporto con il partner e l’eco che ne rimbalza sui figli può essere grande.

Alzare la voce può essere normale ed in alcuni casi necessario ma, ciò che ci si deve in seguito chiedere è se fosse assolutamente necessario. Il dubbio in questo caso non dovrebbe essere l’anticamera di una mini crisi personale, ma solamente la ricerca di un sistema sostitutivo ad un approccio meno violento.

Autorevolezza anziché autoritarietà è un vecchio adagio, che però è particolarmente valido nel momento in cui ci si vuole fare veramente le domande di cui sopra.

Dilatare la propria coscienza genitoriale può voler dire anche questo, farsi venire dei dubbi sui propri sistemi educativi e su come possono essere applicati.

Consultarsi con il proprio partner, scambiare opinioni con altre coppie, consultare degli esperti in materia didattico-pedagogica, parlare con gli insegnanti o leggere alcuni degli ormai centinaia di testi sulla materia, sono solo alcuni dei mezzi che la società ci mette a disposizione per poter migliorare rendendo più semplice e meno traumatica l'esperienza genitoriale.

Si sente spesso dire che: "Fare il genitore è il mestiere più difficile del mondo" ma, se è vero, altrettanto falso è il fatto che nessuno ce lo può insegnare. Impariamo dai nostri genitori, questo è un dato di fatto, non è detto però che ci abbiano insegnato le cose giuste, o noi le abbiamo capite nel loro vero intento.

Sicuramente poi, i tempi cambiano, cambia la società ed anche i sistemi educativi evolvono. Così come evolvono le mode ed i costumi ed il "Sistema" società influenza il "Sistema" famiglia, (e viceversa), ciò che era valido negli anni '50, è stato stravolto negli anni '70, e non è più stato valido negli anni '90. Il mondo, il costume, la società, sono in continua evoluzione e nel corso di un lustro cambia tutto o quasi. All'alba del terzo millennio, l'elettronica con le sue invenzioni ha velocizzato tutto anche la nostra vita più intima ed anche i nostri sistemi educativi dovranno adeguarsi alle diverse tecnologie ed alle diverse velocità con la quale il mondo esterno evolve.

Telefoni cellulari, personal computer, sempre più piccoli, sempre più performanti, sempre più portatili invadono le nostre case e la vita dei nostri figli, erodendo tempo agli studi, ai rapporti interpersonali e famigliari.

Indica Michael Winterhoff che la sfida del terzo millennio, per far sì che tutto ciò non diventi una ulteriore fonte o motivo di destabilizzazione, dovrà proprio essere la ricerca di integrazione tra le nuove "opportunità" tecnologiche e le più tradizionali fonti e metodi didattico- educativi.

Anche giocare di più con la "Play Station" del figlio può essere un modo di entrare in sintonia con Lui/Lei e comprenderne i gusti, le aspirazioni, le fantasie, il modo di concepire i rapporti con l'altro e la vita.

Giocare d'astuzia divenendo padroni della tecnologia invece che da essa farsi dominare o fagocitare.

I principi sani non hanno tecnologia né età. Sono eterni e a-temporali, il buon senso, alla fine è ciò che ci guida meglio ma bisogna cercare di contestualizzare i sistemi educativi attualizzandoli senza smettere di farci domande e mettendo sempre in “sano dubbio” ciò che crediamo di sapere e che ci viene detto o consigliato.

3.7.7 - Figlio Biologico: falsa visione di una protuberanza di Se.

“ *I figli non sono nostri figli, sono i figli della luce ………….non vengono da noi ma attraverso di noi…..* ”[67] queste parole di Gibran Kahlil Gibran hanno fatto il giro del mondo e sono state tradotte in più di 50 lingue, riecheggiando nelle cerimonie, nei matrimoni, nelle ricorrenze e feste.

Quanto veramente siano comprese, nessuno lo può dire, ma hanno aperto un capitolo nella coscienza di molti genitori che hanno iniziato a non pensare più ad un figlio come ad una protuberanza fisica di se stessi o come ad una “proprietà”.

I figli sono persone che, anche se biologicamente vero, sono il mix dei geni di entrambi i genitori hanno, personalità ed anime proprie, aspirazioni, gusti e desideri che spesso non fondono come fa il DNA da due in uno, ma dove la somma spesso non è il risultato esatto dei due addendi.

Sono esseri, persone, che crescono con i propri genitori, (nel senso proprio di generatori), che prendono vita attraverso di loro, ma non sono loro, né la somma di loro. Soprattutto non ne sono proprietà. Possono solamente essere aiutati a crescere nel migliore dei modi, accompagnati attraverso la vita fino a quando, non essendo autonomi, possano fare il "salto" nella vita, per potersene fare una propria.

Anche questi motivi sono, a volte, ragioni destabilizzanti della coppia. Non sempre, infatti, i genitori sono pronti nello stesso tempo a vedere i propri figli "cresciuti" e pronti a "spiccare il volo". Ancora una volta

---

[67] Gibran Kahlil Gibran, (1981), *Il Profeta,* Milano, Edizioni Laterza

entra in gioco la maturità personale e la capacità di critica, per giudicare se il momento è opportuno, i tempi maturi, la situazione favorevole. Ancora una volta un dialogo sereno e maturo si imporrebbe come scelta per prendere decisioni o accettare delle scelte.[68]

La prima grande differenza tra chi ha figli biologici e chi ha adottato consiste nel fatto che i genitori di figli biologici, sviluppano un "sentire" differente; molto più legato al "possesso" che madre natura ha concesso. E' un dato di fatto ed insieme un'illusione. Il Figlio biologico non è una proprietà come non lo è quello dato dallo stato attraverso un'adozione. Hanno entrambi lo stesso identico grado di responsabilità, ma non di proprietà.

Fattori destabilizzanti sono: i differenti modi di "sentire", di vivere la tensione emotiva di certe prese di posizione o di scelte dei figli, come per esempio, la ricerca di autonomia, le scelte di vivere da soli e di costruirsi una casa al di fuori delle mura genitoriali, una vita propria.

La "*sindrome del nido vuoto*", come affermano Maggiolini e Pietropolli Charmet , viene vissuta in modo molto diverso dai padri rispetto alle madri e, l'elaborazione di questo lutto psicologico potrebbe, allo stesso modo, essere molto differente. Questo comporta destabilizzazioni, discussioni, ed a volte anche allontanamenti per "paventate" o reali incomprensioni tra i partner.

La comprensione reciproca, ed il dialogo aperto rappresentano una via possibile, spesso anche la più immediata e semplice per non cadere nella trappola dei diversi modi di sentire le differenze intellettuali sullo stesso argomento. Comprendere cosa "agita" e fa soffrire l'altro per poter, ancora una volta, essere sulla stessa lunghezza d'onda e non rischiare di creare incomprensioni e/o rotture la dove non c'è ragione che ce ne siano.

---

[68] Baumrind, D., (1967), Child care practices anteceding three pattern of preschool behavior, in "Genetics
Psychology Monograph, 75, pagg. 80-88

CAPITOLO 4

Il figlio adottivo

" un giorno voleva avere un figlio non lo trovava. Un giorno trovò, però per adottarlo ci vuole una madre. Allora il padre si sposò con la sua innamorata che si chiamava Maria e vissero felici e contenti." Questo breve racconto, scritto da un bambino di sei anni, riporta il modo in cui è cominciata la sua storia adottiva. Le sue semplici parole esprimono il desiderio di poter vivere un'esperienza di figlio in una relazione d'amore. La storia si presta a tante letture e interpretazioni, ma due aspetti assumono particolare rilievo.

Da una parte, il bambino vede un papà che esprime la sua volontà di paternità; dall'altra, la necessità che, per realizzare un simile progetto, non solo c'è bisogno di una madre, ma soprattutto di una coppia che si ami e come in ogni favola che si rispetti, il lieto fine è garantito soltanto dalla solidità di questo patto affettivo.

Forse il desiderio del bambino di sottolineare la necessità della presenza di una coppia genitoriale può scaturire dalla delusione di un precedente patto tradito; o, più semplicemente, dal fatto di possedere le giuste coordinate delle quali le persone si servono per fare una famiglia.

Per iniziare una relazione adottiva è comunque indispensabile che una coppia sia disposta ad accogliere e a prendersi cura di un figlio " nato da altri".[69]

Una coppia che decide di avere un figlio si trova in quella fase critica del ciclo vitale in cui si deve costruire lo " spazio fisico e mentale" per un terzo: un impegnativo passaggio dalla diade alla triade.

---

[69] Andolfi M, (1999), *La crisi di coppia: una prospettiva sistemico-relazionale*, Milano, Cortina, pagg. 471-

477

Un figlio rappresenta la realizzazione di una delle massime aspirazioni di una coppia: un segno visibile della loro unione attraverso un atto creativo; l'opportunità di trovare un senso di appartenenza alla stirpe e di stabilire " che cosa" delle famiglie di origine verrà continuato.

La nascita di un figlio, inoltre, costringe la famiglia ad un cambiamento nell'organizzazione familiare, creando una riconnessione tra presente, passato e futuro, collocando il figlio nel punto di intersezione tra due storie familiari.

Questi aspetti caricano l'evento di molteplici significati, investimenti e aspettative, che coinvolgono non solo la coppia ma l'intero sistema famigliare allargato. Tutti si sentono " in attesa" di ricoprire nuovi ruoli: di genitori, di nonni, di zii, di fratelli o sorelle e così via. È questo un processo lungo e delicato, caratterizzato da una ridefinizione delle relazioni familiari. Avrà un carattere evolutivo se ciascun membro della coppia ha raggiunto un buon grado di differenziazione del sé e ha stabilito con il suo partner una relazione fondata sull'intimità e non sulla "fusione".

Questo compito coinvolge anche altre figure significative sia del sistema allargato (come i futuri nonni, che dovranno costruire lo spazio affettivo per il/la futuro nipote), sia del sistema nucleare, come il figlio già nato, che dovrà essere aiutato condividere l'affetto dei genitori con il fratellino o la sorellina che nascerà.

Andolfi afferma che è importante sottolineare che una coppia e il sistema familiare di appartenenza riusciranno ad accogliere il figlio che verrà, a patto che questi rimanga "il figlio del desiderio", con la sua entità autonoma, e non considerato "il figlio del bisogno".

Non dovrà cioè, precisa l'autore inoltre, servire per soddisfare i bisogni degli adulti. Non nascerà con la funzione predefinita: per sanare conflitti irrisolti, per riorganizzare alleanze e strategie familiari o per ricostruire equilibri perduti.

"Quando una coppia viene a sapere che non potrà generare un figlio si sente minacciata, essendo irrimediabilmente compromessa la possibilità di realizzare il progetto di diventare una famiglia. All'inizio una

difficoltà procreativa, può aprire la strada al tempo delle prove, dei tentativi per superare il limite biologico.

La scienza oggi offre diverse tecniche, che la coppia intravede come una soluzione al problema della sterilità. La figura del tecnico si inserisce così in un'apparente funzione " risolutiva" rispetto ai desideri della coppia. Si corre il rischio di ignorare che la sua intrusione possa sminuire il valore dello scambio e della reciproca donazione, che caratterizza la relazione amorosa.

La coppia sostenuta da una cultura pragmatica ed efficientista - è spesso lasciata sola - , si spinge sulla strada del " fare" e "dell'agire", piuttosto che su quella di fermarsi per riflettere e pensare.

Per certi versi è normale che ciò accada, ma spesso queste strade sono lunghe, dolorose, (oltre che costose), coltivano false speranze e lasciano chi le frequenta in uno stato di profonda frustrazione per non aver saputo sconfiggere il limite biologico, ma anche per non poterlo raccogliere ed elaborare".[70]

Come il desiderio di un figlio pone i membri all'interno del sistema familiare in una condizione di "attesa", la mancata generatività della coppia fa sentire sterile anche le diverse ramificazioni affettive di cui fa parte, minacciando la nascita di quei ruoli che un figlio avrebbe permesso.

In tal senso la sterilità biologica può essere considerata un evento paranormativo del ciclo vitale familiare, che richiede particolare riorganizzazione degli aspetti relazionali, sia all'interno della famiglia, sia all'interno del sistema della famiglia trigenerazionale, per i particolari compiti emozionali cui il sistema deve far fronte.

A livello personale la sterilità biologica rappresenta una grave ferita all'identità psicologica, sociale e corporea, che implica una rinuncia

[70] Andolfi M, (1999), *La crisi di coppia: una prospettiva sistemico-relazionale*, Milano, Cortina, pagg. 471-

477

definitiva alla realizzazione dell'ideale dell'Io e che può sfociare nella depressione, nell'impoverimento narcisistico e nell'annientamento.

Scrive Andolfi che, per il significato che culturalmente viene attribuito alla generatività, questo evento traumatico viene diversamente vissuto dall'uomo e dalla donna.

Una donna non fertile si potrà sentire inutile o menomata, non vedendo realizzata una parte distintiva della propria identità femminile. La sua impossibilità di procreare la potrà portare a paragonarsi alla propria madre, vista come potente perché capace di generare, attivando nei suoi confronti atteggiamenti di rivalità o sentimenti di inferiorità.

Un uomo, invece, potrà sentire minacciata la propria potenza sessuale, da sempre associata alla capacità fecondativa.

Confrontarsi con il problema della sterilità significa fronteggiare qualcosa di imprevedibile, che si ritiene estraneo.

È il nostro corpo, la prima tessera della nostra identità, che, da amico con cui conviviamo e di cui ci prendiamo cura quotidianamente, ci tradisce. Le conseguenze di questo stato sono delusione, rabbia, disistima di sé, accompagnate da vergogna e sensi di colpa.

A livello di coppia, la diagnosi di infertilità mette a dura prova gli equilibri costruiti fino a quel momento, modificando i rapporti di forza interni ed esterni, (a seconda di chi è il/la responsabile), e attivando rivalse o vecchi conflitti, che minano la coesione.

La sterilità potrà essere vissuta dai membri della coppia come un tradimento del patto coniugale, generando forti sensi di colpa da parte di chi si sente responsabile, oppure atteggiamenti proiettivi nell'altro/a per paura di offenderlo o di farlo sentire a disagio davanti agli altri.

Se per la coppia, il " figlio mancato", rappresenta un mezzo per soddisfare altri bisogni di risolvere problemi irrisolti, allora si può arrivare anche all'estrema decisione dello scioglimento del contratto matrimoniale.

Un'area che potrà inoltre subire profonde modificazioni nella relazione di coppia è quella sessuale. Partendo infatti dalla sua finalità procreativa, specialmente dopo la fase " delle prove" per avere un figlio, la coppia dovrà riscoprire la sessualità con il valore di reciproco scambio affettivo di piacere.

Se già in precedenza la sessualità non aveva questo valore autonomo, per la coppia il letto diventerà un luogo da evitare, in quanto evocatore di conflitti, rabbie delusioni.

A livello intergenerazionale rendere partecipi le famiglie d'origine della propria difficoltà può essere un momento molto delicato, che può trasformarsi in una verifica della qualità dei precedenti legami familiari. E' una base che può riattivare antichi conflitti con la coppia o tra le famiglie, specialmente da parte di chi si sente "danneggiato".

La coppia che invece vivrà l'esperienza dell'accoglienza sentirà la famiglia allargata come sostegno rispetto alle scelte future.

A questi livelli, insomma, la sterilità biologica può rappresentare la "morte del desiderio".

Tale "morte del desiderio" può spingere la coppia sulla strada del "bisogno del figlio".

La coppia si trova di fronte a un bivio: negare, evitare il problema o accoglierlo ed elaborarlo. È questa la fase della coppia nella quale i sistemi affettivi di appartenenza mettono le fondamenta per quella che sarà la relazione accogliente oppure evitante.

L'adozione, infatti, rappresenta di per sé la soluzione al problema della sterilità della coppia; è la sua elaborazione che è concordemente considerata un passaggio indispensabile per la rinascita del desiderio.

4.1 Figli biologici/figli adottivi

Per un figlio biologico non si mettono in discussione nemmeno lontanamente alcuni dei più semplici concetti di Maternità o Paternità. Il fatto stesso della naturalezza dell'evento non necessita, (almeno in apparenza), il sorgere di domande che se poste potrebbero risultare superflue o inopportune. Non è invece sempre così.

In una relazione coniugale instabile, eccessivamente segnata da esigenze inappagate conflittuali, poco genitoriale, poco matura, il figlio è percepito come la fonte suprema di gratificazione di bisogni antichi o più recenti mai appagati.

Come è stato messo in luce da varie ricerche, "*la scelta del partner in questa circostanza avviene per investimento oggettuale, per appoggio di tipo narcisistico o misto. All'interno di queste dinamiche interpersonali il figlio viene a ricoprire un ruolo messianico, non autonomo, funzionale alle attese rigide, precostituite, complementari alle proprie mancanze e agite in modo prevalentemente inconscio e il scisso*". [71]

Questo tipo di relazione parentale, non permette la crescita e l'individuazione verso nuove possibilità di vita, perché deve realizzare in modo rigido i bisogni frustrati dai genitori.

La disposizione affettiva mentale verso una nuova esistenza si spegne e si converte nel suo contrario.

Secondo Farri Monaco il principio vitale della realizzazione di sé attraverso un figlio si trasforma nel processo antivitale della compensazione di tutte le frustrazioni subite dai singoli genitori o dalla coppia. Aggiunge, inoltre, che questo tipo di affermazione non vuole essere assoluta, in quanto ogni rapporto affettivo contiene delle richieste collegate a qualche forma compensatoria rispetto alle proprie mancanze, ma è il sentimento della consapevolezza di questi bisogni e il peso che essi hanno nel mondo interno a determinarne la valenza integrativa o distruttiva.

"*Spesso il figlio del bisogno è immaginato come un sostituto delle figure*

[71] Farri Monaco M., Peila Castellani P., (2008), *Figlio del desiderio: le nuove frontiere dell'adozione,*

Torino, Bollati Boringhieri, pag. 38

genitoriali, una parte di sé, o come soluzione magica di conflitti coniugali in atto.

A volte sono gli aspetti invidiosi e aggressivi a essere risvegliati e in questo caso l'ambivalenza, il conflitto tra amore e odio può assumere caratteristiche preoccupanti, che giungono alla strutturazione di rapporti più specificatamente patologici. Far nascere per soddisfare propri bisogni di incompletezza o salvare una relazione coniugale difficile si configura come un progetto perdente fin dall'inizio"[72].

La separazione dolorosa, ma normale, dell'evoluzione infantile appare allora drammatica e a volte impossibile. Il bisogno si impone nella sua perentorietà ed esclusività, il figlio del bisogno rischia di non nascere mai psicologicamente e di restare in una dimensione di vita non autonoma.

Con la nascita di un figlio biologico o adottivo i genitori mettono alla prova le loro capacità di identificazione e di integrazione, ridimensionando speranze, sogni e fantasie alimentati dal bambino immaginario non ancora reale.

Assumere un ruolo genitoriale, scrive Farri Monaco, vuol dire educare, ossia iniziare un processo affettivo dinamico per tirar fuori, condurre il soggetto dallo stato di dipendenza in cui si trova verso il raggiungimento dell'autonomia fisica e mentale. Significa accompagnare attraverso una relazione creativa, reciprocamente stimolante se fondata sul riconoscimento delle rispettive individualità e quindi su una corretta elaborazione dei processi di separazione.

Tra gli innumerevoli studi ed approfondimenti psicodinamici sulle funzioni educative svolte dalla famiglia, appare intensamente significativo il contributo di molti autori come Meltzer e Harris, che definiscono "*l'educazione non già un imprimere, in cui l'educatore è il principale attore, bensì un apprendere, in cui il soggetto si costruisce*".[73]

---

[72] Ibid.

[73] Farri Monaco M., Peila Castellani P., (2008), *Figlio del desiderio: le nuove frontiere dell'adozione*,

Il fallimento procreativo rappresenta, nella maggior parte dei casi, l'esperienza cruciale da cui trae origine il cammino psicologico concreto verso una scelta adottiva.

Il passaggio dalla mancanza del figlio naturale all'accettazione, all'accoglimento di una nuova vita generata altrove, comporta una complessa elaborazione personale e di coppia che da una parte affronti il lutto procreativo, dall'altro sappia superare la dimensione biologica per inserirla in quella più squisitamente affettiva mentale.

La sofferenza e i fallimenti a volte ripetuti nella ricerca affannosa del bambino colpiscono in profondità, intaccando le antiche fantasie inconsce, sia amorose che aggressive, aventi per oggetto i genitori.

La possibilità stessa di nutrire fiducia in sé e nella vita appare messa a dura prova. Se la donna e l'uomo hanno sperimentato nell'infanzia e nelle età successive buone relazioni affettive, sviluppando al proprio interno sentimenti di fiducia, saranno capaci di progettare un nuovo modo per diventare genitori.

L'adozione, secondo Farri Monaco e Peila Castellani, in quanto priva dell'esperienza della gestazione e del parto, richiede un lavoro mentale complesso per stemperare la dicotomia tra biologico e mentale, unitamente agli ostacoli concreti e alle difese psicologiche presenti. La coppia si trova a dover percorrere un cammino per acquisire "quel qualcosa in più", nel suo patrimonio interiore al fine di elaborare " quel qualcosa in meno", legato alla mancanza biologica.

Essere genitori naturali è un processo che si costituisce su di una graduale esperienza di pieno, quale l'essere pieno di un bambino. Abbiamo visto come la gravidanza costituisca una fase di mutamenti, sensazioni fisiche fantasie, riccamente variegata sia per la donna, che per l'uomo che la sostiene, e come rappresenti un momento pregnante e fecondo per l'instaurarsi dell'attaccamento affettivo.

Al contrario, diventare genitori adottivi si fonda sull'esperienza di "

Torino, Bollati Boringhieri, pag. 43

vuoto", di privazione della gravidanza e dei processi psicobiologi ad essa collegati. È la donna a soffrire in modo particolare di questa mancanza. Quel bambino, originato dalle sue arcaiche fantasie infantili, immaginato successivamente come l'oggetto d'amore, frutto di una relazione più matura, non riesce concretamente a svilupparsi all'interno del suo corpo.

La procreazione affettiva si realizza nell'essere in grado di superare questa frustrazione e sofferenza, per iniziare a desiderare un figlio non nato da se stessi. Essa è resa possibile dalla presenza nella mente umana della capacità di riparazione, un meccanismo intrapsichico che interviene di fronte alle angosce distruttive e ai sentimenti di colpa, legati agli attacchi aggressivi verso l'oggetto d'amore, per dar loro una valenza positiva attraverso la sublimazione.

Riconoscere e accettare dentro di sé la sterilità o l'impossibilità di proseguire una gravidanza dopo il concepimento rappresenta il primo passo per predisporsi al cambiamento.

Questo processo si configura come un lutto vero e proprio, ossia come la reazione emotiva di fronte alla perdita di una capacità percepita da sempre come innata e legata alla decisione di renderla attiva attraverso l'atto sessuale.

Il lavoro intrapsichico del lutto si configura come un'esperienza emotiva in cui il dolore della perdita significativa si esprime in tutta la sua intensità, per lasciare successivamente il posto al suo superamento. Così la descrive Freud in "*Lutto e melanconia*" nel 1915 e comincia a esigere che tutta la libido sia ritirata da ciò che è connesso all'oggetto.

Non è affatto facile indicare perché tale compromesso con cui viene realizzato poco per volta il comando dalla realtà risulti così straordinariamente doloroso. Comunque, una volta portato a termine il lavoro del lutto, l'Io ridiventa in effetti libero e disinibito.

A questo proposito è interessante una chiave di lettura proposta da Michel Soulè, per spiegare le difficoltà dei problemi presenti nei genitori adottivi. "*Questi ultimi, quando decidono di adottare un bambino, compiono un atto solenne nei riguardi della proibizione edipica, che i genitori naturali non devono compiere: essi infatti a volte generano dei bambini senza determinazione oppure lasciando in parte la decisione al caso, perché le cose sono in mano agli dei e per non essere essi stessi responsabili della trasgressione.*

Chi sceglie di adottare persegue attivamente un desiderio procreativo compiendo una serie di interventi codificati: domanda al tribunale dei minori, esami clinici, colloqui, che riportano su di un piano di maggiore consapevolezza il senso della trasgressione edipica e della modalità del suo superamento".[74]

In quest'ottica diventa molto importante il percorso psicologico della coppia, compiuto autonomamente o con aiuto terapeutico, per affrontare sentimenti e conflitti connessi alla sterilità ed operare attivamente una scelta carica di ansie, legate non solo al presente e al futuro, ma anche nei confronti dell'antica inconscia proibizione edipica e alla trasgressione della sterilità. Solo in questo modo l'adozione può diventare una scelta integrata nel proprio mondo interno e relazionale e non un modo per aggirare l'ostacolo generativo residuo dell'evoluzione psicosessuale infantile.

Quello dell'elaborazione interna è un tempo difficile, caratterizzato da rabbia, sconforto, delusione e depressione: le domande: *come e perché è successo proprio me? Mi sento diversa, vuota, in colpa... sono stata colpita in qualcosa cui tenevo molto.*

Il limite si presenta in tutta la sua ineluttabilità dolorosa, e accettarlo significa aprirsi al cambiamento, alla ricerca di nuovi dimensione affettive genitoriali. La scelta adottiva normalmente, giunge al termine di un lungo travaglio, pone la parola fine al lutto e apre uno scenario nuovo in cui le energie sono disinvestite dal piano biologico e poste al servizio della nuova creatività.

4.2 L'adozione come cura del trauma infantile dell'abbandono

---

[74] Soulè M., (1990), *Trattato di psichiatria dell'infanzia e dell'adolescenza,* Roma, Borla

" Un seme di un albero può essere trasportato molto lontano dal luogo dove quell'albero è cresciuto, ma la nuova pianta che da quel seme nascerà, o metterà radici solo nel terreno in cui esso è affondato: nella famiglia che ci ha allevato dall'infanzia". B. Bertelheim.[75]

Il genitore in grado di tollerare in se stesso la sofferenza depressiva causata dagli eventi dolorosi della vita, anche inaspettati e di modulare l'intensità del dolore mentale del bambino fa prevalere in sé e nel figlio le forze costruttive su quelle distruttive. La modulazione della sofferenza entro limiti tollerabili è indispensabile per rendere possibile "l'apprendere dall'esperienza".

Secondo Farri Monaco, nel caso della relazione adottiva, tale funzione acquista connotati specifici: da una parte i genitori giungono a questa scelta dopo ripetute delusioni e frustrazioni rispetto alla loro capacità procreativa, dall'altra il bambino portatore di una perdita del legame affettivo primario, incomprensibile, legata la sua storia di abbandono. Saper riunire integralmente questi due aspetti dell'esperienza appare necessario per una crescita sufficientemente buona.

Diversamente, aggiunge l'autrice, quando ciò non avviene perché un adulto trasmette ansia persecutoria, si sviluppa il senso di frammentazione e di disgregazione. Lo stato della mente del genitore espelle fuori di sé, sui membri della famiglia più giovani o più deboli, angosce catastrofiche, distruttive, favorendo le modalità di apprendimento invidiose, illusorie, improduttive per lo sviluppo del pensiero.

Accogliere amorosamente un bambino nato da altri, per crescerlo nel rispetto delle sue abitudini e dei suoi bisogni, significa riconoscerlo portatore di un patrimonio biologico e mentale decodificato, inscritto

[75] Farri Monaco M., Peila Castellani P., (2008), *Figlio del desiderio: le nuove frontiere dell'adozione*,
Torino, Bollati Boringhieri, pag. 144

nelle sue origini. Questa storia sensoriale, resta nel codice fetale, si dispiega solitamente attraverso la nascita, in una continuità ambientale, mentale e affettiva rappresentata dai genitori.

Qualora l'immediato rifiuto e l'abbandono si accompagni alla frattura di questa continuità e all'interruzione delle cure materne, il filo dell'identità del neonato rischia di spezzarsi con una grave minaccia per la sua integrità fisica e psichica. Già alla nascita egli possiede infatti un bagaglio di memoria rappresentato dalle tracce mnestiche parentali, a testimoniare il disperdersi di un progetto di vita unico e irripetibile nella sua essenza.

Ancor prima di venire al mondo questa creatura è in grado, attraverso la potenza dell'immaginario, di cogliere la verità di ciò che gli si muove accanto.

Il bambino possiede l'intelligenza della verità o in ogni caso della sincerità degli scambi affettivi.

Negli ultimi decenni lo sviluppo della ricerca sulle acquisizioni delle competenze nel settore del neonato ha contribuito ad ampliare la conoscenza di una fase della vita per molti versi ancora sconosciuta e carica di suggestione e mistero.

Accade, talvolta, che vicissitudini psicologiche ambientali, tendenze latenti di ostilità ed espulsione verso il figlio precognizzino l'esito della gravidanza attraverso l'intenzione, conscia o inconscia, di abbandonare precocemente il bambino.

La decisione di non accoglierlo alla nascita o la prematura interruzione della relazione con lui, espressione di una conflittualità preesistente al processo generativo, comportano una profonda alterazione dell'investimento simbolico sulla creatura che deve nascere e possono minacciare la sua esistenza in quanto entità mentale privata di una mente-contenitore che la pensi, se ne prenda cura e se ne preoccupi in senso winniccottiano.

L'atto psichico dell'abbandono sovente si è già consumato molto prima di quello reale, col prevalere dei processi proiettivi che portano al rifiuto definitivo e alla separazione successiva. Tuttavia la maternità mutilata dalla perdita del proprio bambino riflette, ancora più drammaticamente, la realtà psichica del neonato che ha subito l'abbandono: il ricordo di un legame perduto che non si è potuto conservare né si potrà ricostruire, a causa del vuoto di un'origine nel tempo.

"Su di un piano metaforico del linguaggio, il bambino rifiutato si configura come un bambino che non è mai " venuto alla luce", in quanto non è mai emerso dall'oscurità della mente materna, invasa da ostilità e negazione, per delinearsi come un'entità originale all'interno di una relazione carica di amore e intimità"[76].

Gli studi ormai consolidati sulle fasi precoci della relazione madre-bambino dopo la nascita permettono di affermare che una madre sufficientemente buona svolge, a livello psichico, una funzione analoga a quella che l'utero svolgeva in gravidanza.

È la madre-ambiente di Winnicott, capace di adattarsi ai bioritmi del bambino, di trasformare i segnali comunicativi e i segni da lui manifestati, contribuendo a creare un legame affettivo intimo e costante, fonte per entrambi di soddisfazione e gioia, indispensabili per la crescita e lo sviluppo fisico e mentale.

Come afferma Simonetta Cavalli, se questa condizione psichica viene aggravata dalla mancanza di cure opportune, il bambino sperimenta uno stato più o meno prolungato di frustrazione causato dalla perdita, dall'attesa e dalla mancanza dell'oggetto materno. Si configura un'esperienza primitiva di un vuoto arcaico, che ha conseguenze sulle capacità di investimento libidico, narcisistico e oggettuale.

Le modalità in cui l'abbandono si è consumato e la relazione materna si è interrotta, la costruzione o meno di un primo legame affettivo, l'insieme di qualità e durata delle condizioni ambientali di vita, sono variabili che determinano nel bambino l'elaborazione iniziale del lutto e il trasferimento della libido, ritirata dall'oggetto perduto, su un altro

---

[76] Cavalli S., (2005), *Perché mi hai preso? Adolescenti adottivi,* Bari, Meridiana, pag. 112

oggetto, iniziando con fiducia e speranza un nuovo attaccamento. Infatti l'abbandono della madre in quanto fonte di contenimento di integrazione può far insorgere angosce di frammentazione molto intense collegate alla pulsione di morte e a sensazioni catastrofiche.

"L'esperienza di neonati che giungono a graffiarsi o presentano gravi alterazioni del sonno, della pelle o delle funzioni digestive rivela la modalità autodistruttiva come difesa da sentimenti di disintegrazione.

La separazione dalla madre, la perdita del contatto fisico e mentale con lei, rendono drammatica la sensazione di disagio dirompente e spesso impediscono la possibilità di riconoscere attaccamenti alternativi con sufficiente fiducia di consolazione". [77]

A questo punto pare importante sottolineare, come sia indispensabile che i futuri genitori adottivi, che accolgono il neonato concepito da altri, rappresentino nella loro mente quale esperienza destrutturante possa avere incontrato il loro bambino, pur in un tempo di vita così breve quale quello trascorso tra la nascita e l'adozione.

"*Lungi dall'essere una tabula rasa, il piccolo testimonia una storia antica originale, estremamente bisognosa di accoglienze e di cure amorose che non dovranno annullare il diritto a esistere come oggetto individuato e separato*".[78]

Confrontando le tappe di crescita, i bisogni e le problematiche dei ragazzi adottivi con quelli biologici, con le difficoltà che anche questi ultimi adolescenti si trovano a vivere, ci si interroga su alcune delle profonde, ma significative differenze che segnano due diversi modi di essere figlio: gli uni certi di un'appartenenza di sangue, gli altri alla ricerca di una appartenenza profonda, che non è mai scontata.

I ragazzi adottivi o biologici, crescono e diventano ogni giorno più adulti, con l'aiuto degli adulti oppure ostacolati dalle preoccupazioni di un incerto futuro.

---

[77] Cavalli S., (2005), *Perché mi hai preso? Adolescenti adottivi,* Bari, Meridiana, pagg.115

[78] Ibid.

E' sicuramente più difficile riuscire a fare staccare dal nido familiare quel figlio che a volte di quel nido non sente ancora di far parte, oppure se si teme che non torni più una volta sperimentata la capacità di essere libero autonomo.

Il figlio biologico cresce, ci rifiuta, si allontana, ci esaspera, ma ogni giorno di più troviamo in lui il ragazzo che siamo stati, l'uomo o la donna che porta in sé scolpiti i segni ereditati da noi, ma il ragazzo adottivo a quale adulto assomiglia? Proprio a chi gli ha fatto tanto male abbandonandolo? Proprio all'adulto che riporta in vita fantasmi di un passato mai davvero cancellato?

Una volta non più bisognoso delle cure a lui offerte dai genitori adottivi, riuscirà a ritrovarli come parte di sé, riconoscendo in loro comunque i suoi genitori?

Un ragazzo adottivo porta sempre sulle spalle una storia sbagliata e subita, ed è proprio questa storia che in adolescenza è costretto a contrattare, sempre, anche se l'adozione è avvenuta in età precoce. Questa consapevolezza non può che venire con modalità esasperate.

L'adolescenza propone così al ragazzo cambiamenti profondi fisici e psichici di fronte alle proprie fragilità impreparate e senza difese.

L'adolescente adottivo sicuramente particolarmente vulnerabile, deve di nuovo trovare un adattamento, riuscendo a rimettere insieme in modo costruttivo un “prima spaventoso”, ed “un poi” che a lui sembra, al momento del contratto, non potere che riprodurre la deprivazione del passato.

Tutto questo non accade nell'adolescenza di un ragazzo che non ha avuto alle spalle un'esperienza di abbandono. È proprio il bisogno di crescere dell'adolescente che riacutizza le ferite che mai possono essere dimenticate. Il suo sviluppo non può che passare attraverso una crisi d'identità estrema, che mette a nudo tutto l'orrore di una storia di deprivazione.

Sono però le storie più crude e difficili che possono alzare il velo su una realtà adottiva che rischia altrimenti di rimanere chiusa nella stanza di una terapia, non lasciando trasparire all'esterno quasi nulla.

"Le patologie di questi ragazzi e dei loro genitori sono una realtà, certo la più difficile, ma occorre conoscerla e non rifiutarla come esperienza limite e non generalizzabile, perché l'adozione è anche questo, il rischio, cioè, di non riuscire a fare sì che quel ragazzo diventi un figlio, rimanendo per sempre un ospite più o meno caro".[79]

L'adozione è un incontro tra persone, e l'inizio di un percorso complesso coinvolgente, all'interno del quale occorre che i protagonisti cerchino la propria storia e le proprie vicissitudini, le risorse e le energie perché diventi un cammino di crescita e non un muro freddo invalicabile, specchio inclemente della propria fragilità.

I ragazzi adottivi hanno un dolore troppo grande da dover smaltire e un vuoto profondo da riempire, da cui nasce la possibilità di un confronto, nella capacità di vedere l'altro quale egli è senza sovrapposizioni di illusioni e aspettative.

Quando i ragazzi durante l'ennesima lite per rivendicare la libertà di uscire a qualsiasi ora da casa e di frequentare chiunque loro vogliano, di fronte a un atteggiamento fermo e normativo, gridano tutta la rabbia dei loro 15 anni: "*Chi sei tu per permetterti di vietarmi qualcosa? Non sei altro che una sanguisuga! Mi hai portato via da mia madre e nessuno te lo ha chiesto!*".

"Ma è solo attraverso la possibilità di gridare fuori tutta questa disperazione che il ragazzo potrà liberare dentro di sé la voglia e l'energia necessaria per riprendere a sperare in un futuro, dovrà però trovare qualcuno capace di prendere ed elaborare questa sua disperazione perché non cada nel silenzio, lo stesso spaventoso silenzio, che ha trovato da coglierlo quando è venuto al mondo. Quel grido aspetta una risposta d'amore che sola potrà trasformare la rabbia sorda in un dolore che si può affrontare insieme e condividere.

---

[79] Cavalli S., (2005), *Perché mi hai preso? Adolescenti adottivi,* Bari, Meridiana, pag. 117

Stà ai genitori adottivi e biologici, riuscire a sostenere i ragazzi affrontando le paure dei propri limiti, per non creare in loro ulteriori ostacoli in un percorso, che deve portarli a diventare persone capaci di volersi bene".[80]

4.3 Una maternità "sociale". La gestione della Generatività

La coppia adottante vive la fase dell'attesa con una tensione carica di aspettative, preoccupazioni e speranze. Il modo in cui queste verranno vissute e affrontate sarà rilevante nel determinare la costruzione di atteggiamenti flessibili, accoglienti oppure difesi ed evitanti verso la scelta effettuata.

Una delle prime difficoltà in cui si imbatte una coppia che manifesta il desiderio di adottare un figlio è costituita dalla ricostruzione dello spazio mentale per il figlio che verrà, nel momento in cui se ne prefigura un'immagine.

Ma come si fa a immaginare un figlio di cui non si conosce niente?

Infatti, non solo non è possibile immaginare l'aspetto stesso, ma neanche l'età, la provenienza, il tipo di storia precedente; sapere se il bambino ha conosciuto i genitori naturali e i motivi che ne hanno determinato l'abbandono e la separazione.

Ridare vita alle fantasie, al desiderio delle aspirazioni permette alla coppia di ricostruire quello spazio di intimità, incontro, progettualità, che l'ostacolo dell'infertilità aveva congelato.

A questo proposito, Peila Castellani afferma che spesso, il fatto che queste domande non trovino risposte soddisfacenti alimenta timori nella coppia, ponendola in una condizione di precarietà. Spesso "l'immagine

---

[80] Cavalli S., (2005), *Perché mi hai preso? Adolescenti adottivi,* Bari, Meridiana, pag. 120

del bambino", che si va delineando corrisponde più alle aspettative del futuro genitore adottivo che alla realtà. Ne consegue che il desiderio ricorrente durante l'attesa è quello di poter adottare un neonato con la motivazione che, in questo modo, il figlio si attaccherà più facilmente, non avrà sperimentato particolari sofferenze e l'esperienza adottiva sarà più simile a quella naturale.

In realtà il desiderio del bambino " de-codificato" e " de-storificato", senza passato, spesso nasconde la paura della coppia a confrontarsi con la storia della paura che la famiglia naturale del figlio possa influenzare negativamente la futura relazione.

A volte l'adozione internazionale può essere considerata da parte della coppia come una scorciatoia. E' una soluzione per esorcizzare la paura, nell'illusoria speranza di potersi liberare del passato del bambino attraverso la distanza. La storia passata del bambino, invece, rappresenta una parte peculiare della sua identità, che non può essere cancellata, ma che il figlio adottato chiede di accogliere e integrare nel nuovo legame affettivo.

Alla coppia adottante si chiede, cioè, di cominciare un confronto fantastico con la famiglia biologica. Ma solo se i futuri genitori adottivi non entreranno in una logica di contrapposizione e di competizione, (famiglia buona e accogliente / famiglia cattiva e rifiutante), o direttamente il rifiuto, la paura del ritorno, le minacce di riappropriazione, la percezione di aver rubato il figlio ecc., sapranno accettare serenamente la doppia appartenenza del figlio. Da una parte, infatti, vivranno il loro progetto affettivo come integrante quello biologico, dall'altra saranno in grado di accompagnare il figlio nel campo del passato e recuperare cultura, ricordi ed emozioni che gli appartengono.

Tacendo o scoraggiando la curiosità del figlio, invece, si alimenterà la costruzione di aree segrete; si stabilirà implicitamente quali sono gli argomenti da evitare e si creerà un contesto relazionale collusivo evitante, che limiterà gli spazi della reciproca appartenenza.

"Tra la famiglia adottiva e la famiglia biologica si sviluppa sempre una

serie di trame invisibili e visibili, che stimolano il confronto, rendendo complessa la dinamica familiare nelle sue diverse fasi del ciclo vitale.

Se prevarrà la dinamica "competitiva", il figlio si potrà sentire in mezzo a due famiglie come ostaggio tra il biologico e l'affettivo. Se invece i genitori adottivi, costruendo un nuovo legame, aiuteranno il proprio figlio a integrare la famiglia biologica, riconoscendola come parte iniziale, indispensabile per la sua vita, allora la doppia appartenenza potrà non essere vissuta in maniera lacerante".[81]

Una relazione instaurata con queste caratteristiche non porterà a vivere come un problema il dover comunicare al figlio la sua origine, perché questa sarà considerata una "tappa naturale" nella costruzione del legame adottivo. Diversamente parlare dell'origine del figlio non solo rappresenterà l'esplicazione di problematiche non risolte della coppia sul modo di porsi di fronte al bambino, sull'identità di questa e sul proprio ruolo, ma assumerà nel tempo sempre più caratteristiche di "rivelazione", caricando l'evento di un evitabile intensità angosciosa, sia per quando e come dovrà accadere, sia per paura che il bambino si disaffezioni nel momento in cui ne venga a conoscenza tramite altri.

La maggior parte delle coppie che desiderano adottare un figlio nutrono, più o meno esplicitamente, la paura che il bambino possa avere un'ereditarietà patologica. Questo timore, che rimanda allo stato di salute dei genitori naturali e alle loro condizioni di vita, in una certa misura, è comprensibile. Quando si manifesta in forma estrema, spesso esprime l'angoscia della coppia di non poter riconoscere nel figlio reale, " quello che hanno immaginato", divenendo così un estraneo, una sorta di oggetto cattivo, con l'attivazione di un possibile rifiuto.

Queste sono alcune delle preoccupazioni che caratterizzano l'attesa nelle prime fasi del processo adottivo. Altre si potranno presentare in seguito: per esempio quando il figlio adolescente esprimerà la volontà di

---

[81] Farri Monaco M., Peila Castellani P., (2008), *Figlio del desiderio: le nuove frontiere dell'adozione,*

Torino, Bollati Boringhieri

ricercare le sue origini oppure, si potrà temere il ritorno della madre naturale. L'esplicitazione di questa paura di per sé non rappresenta un elemento di patogenicità.

La flessibilità o la rigidità con cui queste preoccupazioni verranno affrontate permetteranno alla coppia di vivere questa scelta come un elemento di rinascita o come una pseudoriparazione.

La storia pregressa, rappresenta quindi una parte nel "nastro registrato" della vita, che non è possibile cancellare mai. Essa rimane sia a livello conscio, che inconscio una "traccia disco" indelebile che, a volte, ritorna a "risuonare" quando meno lo si aspetta.

Essendo quindi una storia indelebile risulta anche inutile cercare di ignorarla, o peggio, cancellarla. Molto più ragionevole ed anche consigliabile cercare di portarla "a galla" tentando di trascenderne il dolore e le angosce che riguardano il misterioso passato che "è meglio non ricordare". Questo passato ritornerà, prima o poi, sempre prepotente ad esigere il "conto" di ricordi da rielaborare e da razionalizzare, da comprendere e, cosa ancora più importante, da perdonare.

4.4 Una storia satellite. La verità emerge sempre e prepotente

Come scrive Andolfi, il ciclo vitale della famiglia adottiva presenta, nelle sue diverse fasi critiche, alcune peculiarità che la contraddistinguono, differenziandola dalle altre famiglie.

Inizia, infatti, con una perdita da parte del bambino dei suoi legami primari, per entrare a far parte di una famiglia che avrà il compito di aiutarlo crescere come figlio e come persona.

In un contesto differente, una coppia di fronte alla delusione della propria sterilità biologica genera attività affettiva accogliente per un figlio nato da altri. Sia la coppia che il bambino intraprendono il viaggio dell'adozione.

Entrambi non hanno avuto la possibilità di realizzare un altro viaggio: il bambino non è potuto rimanere nel contesto affettivo in cui è nato, la coppia non ha potuto procreare un figlio. Anche se con intensità dolorose diverse, il bambino si è sentito privato di un legame reale e la coppia ha dovuto rinunciare a un'aspirazione naturale.

Gli studi sull'attaccamento hanno sottolineato come la perdita subita dal bambino, paragonabile ad un'esperienza di lutto ha conseguenze traumatiche sia sul sviluppo psicoaffettivo sia nel determinare modalità disfunzionali di attaccamento.

Secondo tali studi, l'intensità della sofferenza è correlata non solo a traumi ricevuti, ma anche all'età in cui il bambino ha subito l'abbandono: più è precoce, minori saranno i danni psicologici e più facilmente si attaccherà alle nuove figure genitoriali.

Non meno importanti sono per il bambino la durata dell'attesa, il contesto e la sua età. Anche in questo caso il tempo non depone a favore: "*più il bambino è grande, maggiori sono i ricordi e le sofferenze da elaborare; un'attesa lunga, inoltre, può riempire le sue fantasie di ansia, dubbi e aspettative. Infine, anche se i "contesti dell'attesa" sono cambiati in anni recenti, (agli istituti si sono affiancate le case famiglia, gli affidi temporanei etc.), tuttavia, il bambino vive questa fase come un "non tempo", un tempo di transizione, che non gli fornisce quel contesto di stabilità affettiva di cui avrebbe bisogno. Questa esperienza è vissuta, a volte, in solitudine e si aggiunge a quella precedente dell'abbandono, minando ulteriormente il suo già fragile equilibrio*".[82]

Ancor più drammatica l'esperienza del bambino " venuto da lontano", privato non solo dei suoi affetti ma anche dei suoi riferimenti quotidiani: l'ambiente fisico, i suoi simili, le sue abitudini, i colori, gli odori, i sapori della sua terra: tutte conferme necessarie per la costruzione identitaria. Secondo Andolfi, la profondità di queste molteplici sofferenze, può dar adito a legami che sono tanto più intensi e invischianti, quanto meno hanno permesso al bambino l'acquisizione di una fiducia in sè e di una

---

[82] Andolfi M, (1999), *La crisi di coppia: una prospettiva sistemico-relazionale*, Milano, Cortina, pagg. 477-
481

identità separata, perché lo costringono a una continua verifica della sua appartenenza e dell'accettazione da parte di coloro da cui dipende.

Ma cosa si aspetta un bambino in " attesa" di continuare a vivere la sua esperienza di figlio/a nella futura relazione adottiva? Anzitutto che i genitori adottivi sappiano riconoscere e accogliere come ricchezze le tre doti di cui un bambino è portatore: il suo corpo, il suo nome e la sua storia. Il " figlio venuto da lontano" ha con sé un'altra dote con cui arricchirà la nuova famiglia: la sua cultura di appartenenza.

Il bambino adottato a volte può provare una sensazione di estraneità e di rifiuto verso il proprio corpo: lo ricollega a persone che fisicamente non ci sono più, ma che sono " vive", nelle sue sembianze, e difficilmente potrà trovare conferme alla sua identità corporea attraverso il riconoscimento delle somiglianze fisiche con i genitori adottivi.

E' attraverso l'accettazione della corporeità del bambino, allora, che la coppia adottante può rimandare due messaggi:

- da una parte lo aiutano a riappropriarsi della sua fisicità come fonte di nuove certezze, (come i genitori adottivi hanno fatto attraverso l'elaborazione della sterilità);
- dall'altro, separarsi dalle proprie idealizzazioni, per rapportarsi con un bambino reale che, da sconosciuto, è diventato loro figlio.

I canali comunicativi non verbali ed emozionali saranno mezzi privilegiati che permetteranno al bambino di percepire subito il gradiente di accettazione e quanto si potrà fidare di coloro che hanno deciso di prendersi cura di lui.

4.5 I figli non sono "nostri"

Gibran Kahlil Gibran, il poeta e filosofo persiano, nel suo libro "*Il Profeta*" pone l'accento, sulla non proprietà dei figli, ripercorso e ripetuto mille volte da altrettante migliaia di persone per altrettante volte anche se il concetto appare, dopo averlo letto, nella sua semplicità, quasi banale:

" *I vostri figli non sono i vostri figli, sono figli della fame e della sete... Essi non vengono da Voi ma attraverso di voi, e non vi appartengono benché viviate insieme...* "[83]

I genitori sono solo dei traghettatori verso il futuro, "altri dai figli" e "rispettosi della loro individualità". Se è giusto affermare questo, nessun genitore può dirsi vero se non ha fatto nulla per aiutare il bambino a crescere, a proiettarsi verso il futuro nel rispetto del suo particolare modo di essere.

Un figlio adottivo, quando ci sono questi presupposti, è un figlio a tutti gli effetti, così come un genitore adottivo è un genitore a tutti gli effetti. Non si diventa figli solo perché si è stati generati; figli non si nasce, ma si diventa. Ed è genitore solo chi si prende la responsabilità di quel bambino.

Come dice il giudice Alfredo Carlo Moro:

" *La generazione biologica ha una rilevanza, ma solo nel momento in cui questa generazione biologica si accompagna ad una piena assunzione della responsabilità genitoriale. Superato il mito del sangue, e quindi l'equazione " figlio di" uguale a " nato da" si è riconosciuto che l'affiliazione vera è quella che si realizza proprio attraverso questa continua capacità feconda di sviluppare la personalità del minore. I sociologi dicono che il minore ha bisogno di diversi uteri: ha bisogno dell'utero materno per venire alla vita, ha bisogno dell'utero famigliare per crescere e strutturarsi come persona, come poi ha bisogno dell'utero sociale per aprirsi a una rete di relazioni.* "[84]

Adottare significa sentire profondamente ed intimamente che la creatura che abbiamo vicino, anche se biologicamente non creata da noi è come

---

[83] Gibran K. Gibran, (1981), *Il Profeta* , Milano, Edizioni Laterza

[84]Andolfi M, (1999), *La crisi di coppia: una prospettiva sistemico-relazionale,* Milano, Cortina

se affettivamente lo fosse.

Un figlio biologico è sicuramente più facile da "sentire" vicino e meccanismi come i sensi di colpa, le sicurezze di essere nel giusto, il diritto e il dovere di essere presenti, l'autorevolezza, l'autorità, il senso dell'essere normativi, scorrono naturali nella vita di tutti i giorni.

Nel caso di un figlio adottivo invece, tutto tende ad assumere un senso totalmente diverso. Il fantasma del fatto che il figlio "venuto da un altro luogo", non sia "la discendenza", limita gli pseudo diritti, le pseudo permissioni che un genitore naturale si arroga senza nemmeno pensarci. Diversamente certe manifestazioni sia affettive che normative, sono invece sempre meditate e scarsamente spontanee.

La verità sta, invece, nel fatto che, niente è vero né in un senso né nell'altro, ma che di sicuro fino a che un figlio adottivo non è sentito come figlio proprio, come se venisse da dentro le proprie carni, Lui/Lei stessi, non potranno mai sentirsi né figli, né accettati pienamente.

La destabilizzazione della coppia adottante parte da punti differenti da quella biologica.

Anche se il problema "dell'accordo" sui sistemi educativi e sulle politiche di strategia famigliare possono essere simili, uno dei problemi più importanti di cui dover tener conto è/sono proprio il/i modi "sentire" la maternità o la paternità. Se entrambi i coniugi adottanti non la vivono nello stesso modo, la conflittualità potenziale sarà continuamente presente.

Nicole Quemada in "Cure materne ed adozione" sottolinea che è' sufficiente, infatti, che uno dei due partner non senta la genitorialità come "reale", ma la viva con sensi di colpa, oppure con uno stato di latente provvisorietà che, anche soltanto a livello "sottile", questo venga percepito, e se il caso, usato dal minore, per farsene scudo quando fa comodo, oppure venga vissuto come una non totale accettazione, da parte di uno dei genitori adottivi, con il risultato che per avere sempre nuove ed ulteriori conferme del "patto adottivo", questi non faccia altro che trovare il modo di fare o dire qualcosa di spiacevole, al fine di trovare ulteriormente e continuamente le "conferme" attese di cui un figlio adottivo ha continuamente bisogno: "… se mi volete bene mi tenete anche se io sono cattivo/a".

L'accordo, il "patto di tacita e comune alleanza" che la coppia deve avere in questi casi dev'essere forte e senza tentennamenti, perché l'adottato, alla ricerca di continue conferme, di alleanze "forti" che lo facciano sentire sicuro nelle sue insicurezze, farà di tutto nelle sue possibilità destabilizzanti al fine di testare la coppia, per vedere se effettivamente si tratti di una coppia forte e sicura, che possa mantenere Lui/Lei al sicuro dal mondo esterno che, "cattivo", lo ha deluso.

Nella sua fantasia e nei suoi desiderata, c'è il fatto che la coppia sia effettivamente forte. Il figlio adottivo al fine di esserne certo, ogni singolo giorno, la metterà alla prova, continuamente.

Alla base di tutto ciò c'è sempre il danno originale dell'abbandono. Quel "danno" che ha prodotto quel "buco nero " di affetto, tale e per cui per quanto Amore venga buttato dentro e per quanti sforzi vengano prodotti per riempirlo, continuerà ad esistere.

Tutto sparisce come la luce in un vero buco nero galattico, e non basterà mai, per quanti sforzi si facciano, non saranno sicuramente inutili ma, altrettanto, mai sufficienti.

L'unica arma è la pazienza, l'amore incondizionato, quello che dà, senza per questo attendere di riavere indietro. Ancor più che per i figli biologici, per quelli adottivi bisogna esser pronti a non attendersi niente indietro, nulla in cambio, almeno nel breve termine.

La Dottoressa Zucchino A, del Tribunale dei minori di Torino afferma che: *ciò che accade per i figli biologici, pronti a distruggere la "figura" genitoriale per poter crescere e sentirsi autonomi, avviene anche per i figli adottivi, ma con una maggiore violenza, anche perché non sono soltanto le figure genitoriali adottive a dover essere distrutte, ma un passato di sofferenza e di rifiuto, più o meno conscio che si vuole, si deve, cancellare dalla memoria, che va trasceso per annullare la sofferenza.*

Le coppie che scricchiolano di loro per qualche motivo, quelle emotivamente più fragili, quelle con problemi personali irrisolti sono a forte rischio di destabilizzazione e rottura.

Un "attacco" così mirato e affettivo che esplode dall'interno può avere effetti deflagranti in una coppia e l'ultima cosa auspicabile è che si inizi a trovare le colpe nell'operato l'uno dell'altro.

Questo non farebbe altro che fomentare dubbi e rinfocolare i sensi di colpa nei figli che vedono discutere i propri genitori, magari assumendosene colpe inconsce o, peggio, sensi di onnipotenza narcisistici assunti come "difese" inconsce al "dramma famigliare in corso.

L'aiuto e l'appoggio, non giudicante, delle strutture di altri adulti che possano intervenire sul minore, di assistenza psicologica e sociale da parte delle strutture e delle organizzazioni è, in questi casi "difficili", essenziale al fine di scongiurare la catastrofe o, nei migliore dei casi, lo sfaldamento della coppia o, peggio ancora, la restituzione del minore.

CAPITOLO 5

Prevenzione e riparazione della destabilizzazione nella famiglia naturale

5.1 Tipi e ragioni del conflitto in famiglia

Che cosa si intende per conflitto? Perché nella vita quotidiana si verificano conflitti tra gli individui? Quali sono gli elementi che caratterizzano queste situazioni?

Per trovare la risposta a tali interrogativi bisogna partire dalla consapevolezza che affrontare il tema del conflitto non è semplice. Sicuramente si tratta di un ambito che ha ricevuto una sempre maggiore attenzione nel corso degli anni da parte degli studiosi di psicologia, ma c'è ancora molto da indagare per portare alla luce un'ampia gamma di elementi coinvolti nei processi conflittuali tra persone.

Confliggere richiede infatti una serie di interazioni strutturate che gli individui sono in grado di mettere in atto, in modo perlopiù naturale e spontaneo, per fronteggiare determinate situazioni nel rapporto con gli altri. E' pertanto rilevante comprendere attraverso quale punto di vista si intende affrontare la tematica, date le premesse di complessità del fenomeno.

L'interesse spesso è centrato sui fenomeni linguistici che modellano il conflitto nelle interazioni tra persone: la sempre più crescente centralità degli studi sulla comunicazione, anche in rapporto alla nozione di conflitto, ha infatti via via prodotto una consistente presa di coscienza del significato sociale del linguaggio, non più inteso come strumento neutro atto semplicemente alla trasmissione di messaggi, ma considerato come un elemento incarnato nel mondo, in virtù delle molteplici funzioni che esso è capace di svolgere.

Francesco Arcidiacono, suggerisce che un'attenzione particolare, vada posta sulla scelta della conversazione come modalità privilegiata di interazione, dato che essa rappresenta un terreno di condivisione e co-

costruzione di significati e un'occasione di socializzazione all'interno della famiglia: è attraverso lo scambio verbale tra genitori e figli che si costruisce un tessuto linguistico ed affettivo all'interno del quale le esperienze di ognuno si fondono nel gruppo.

L'obiettivo generale è quello di offrire un quadro di insieme su concetti che caratterizzano conflitti, interazioni discorsive, relazione tra genitori e figli e contesto famigliare, anche per rilevare e analizzare le strategie delle modalità conversazionali attraverso cui ci si sviluppano i conflitti verbali in famiglia.

La scelta del conflitto verbale quale oggetto di studio è motivato dal suo essere parte integrante della vita familiare, soprattutto per ciò che concerne il rapporto tra genitori e figli. Il conflitto dunque è inteso come una situazione normale, non necessariamente patologica, all'interno degli scambi famigliari. Proprio in virtù di questa sua caratterizzazione ordinaria, il conflitto verbale può essere studiato nelle situazioni di quotidianità, cioè nei terreni privilegiati per individuare i fenomeni che accompagnano la modernità.

La scelta del particolare contesto della cena familiare come luogo di individuazione del conflitto deriva dall'esigenza di osservare pratiche sociali di interazione spontanea, per cogliere gli aspetti linguistici e relazionali che i partecipanti mettono in gioco; la volontà di rilevare situazioni di scambio quotidiano tra i membri della famiglia ha determinato la convinzione di poter così registrare più efficacemente pratiche discorsive e interazioni conflittuali.

Essendo la conversazione la forma primitiva e fondamentale dell'uso della lingua, lo studio delle conversazioni diventa un requisito basilare per comprendere la vita sociale, poiché fornisce l'apporto più naturale alle attività di pensiero.

In altri termini, ciò che rappresenta un approccio generale di analisi dell'azione sociale può essere applicato in una vasta gamma di argomenti e problemi e dunque riveste una grande importanza per lo studio dei processi di vita quotidiana.

Impulsi principali per l'analisi della conversazione in psicologia sono pervenuti da diverse linee di ricerca, inizialmente distinte, quali la pragmatica e l'analisi etnometodologica della conversazione.

Dal punto di vista dello studio dello sviluppo, è altrettanto interessante mostrare come la conversazione naturale, cioè quella che comunemente si svolge nei contesti di vita quotidiana tra bambini e genitori, come per esempio in famiglia, costituiscano un essenziale sistema di azione e negoziazione sociale e insieme uno strumento per lo studio dello sviluppo come socializzazione.

Dunque, come sostiene Francesco Arcidiacono, la conversazione è una delle principali attività attraverso cui la comunità sociocognitiva, cioè una comunità di persone caratterizzata da pratiche sociali e discorsive, guida i suoi membri meno esperti verso una crescente partecipazione attiva alla conversazione e condivisione dei significati.

Il *parlare-in-interazione*, costituisce una pratica finemente organizzata che anche i bambini imparano a gestire presto: essi apprendono, soprattutto attraverso la partecipazione più o meno attiva al parlare collettivo, a manifestare la comprensione del turno dell'altro all'interno del complesso sistema conversazionale; in tal senso ogni turno è pertanto il prodotto della collaborazione che si realizza nella struttura sequenziale del discorso collettivo.

Studiare il conflitto verbale in tale ottica significa scegliere come base di partenza l'assunto che la conversazione, cioè lo scambio comunicativo tra almeno due persone, (dialogo, dal greco *logos*, discorso e *dia,* tra), sia la pratica discorsiva più comune nel quotidiano. Essa implica, oltre ai parlanti, la mediazione di qualche linguaggio e pertanto va vista come un elemento non solo interpersonale, ma anche sociale.

Per affrontare in un'ottica ampia i vari aspetti che caratterizzano i conflitti verbali in famiglia è necessario fare riferimento ai diversi filoni di indagine che nel corso degli anni hanno dato spazio a questo tema. Si tratta di una rappresentazione per molti versi, non esaustiva, anche perché il tema indagato costituisce ancora un argomento di studio attuale.

Nella tradizione psicologica, l'adolescenza e il conflitto sono considerati strettamente interconnessi: per esempio lo studio del conflitto nella relazione tra genitori e figli adolescenti nasce da varie teorie psicodinamiche, in cui si afferma la fusione di relazioni conflittuali stabili in tutti i nuclei familiari. Tale posizione è oggi messa in discussione dai risultati di numerose ricerche, che hanno dimostrato che solo in una minoranza di nuclei familiari le relazioni sono cronicamente conflittuali.

L'evoluzione degli studi, secondo un'ottica più centrata sulla relazione, ha messo in evidenza l'idea del conflitto come conseguenza naturale dei cambiamenti associati alla transizione all'età della maturazione.

Dall'analisi della letteratura in materia emerge che il concetto di conflitto si sia progressivamente depurato delle connotazioni negative che lo hanno caratterizzato per lungo tempo: l'iniziale carattere tempestoso, irruento e caotico delle relazioni familiari, segnate da accese e repentine rotture, ha infatti progressivamente lasciato spazio, in anni più recenti, a una visione più moderata.

Oggi il conflitto appare come rivalutato nelle sue funzioni positive e costruttive ed è considerato una dimensione normale, quasi inevitabile in età adolescenziale. All'interno delle relazioni familiari è possibile riconoscere l'esistenza di un conflitto per acquisire maggiore libertà decisionale e il tentativo dei genitori di conservare il controllo dei margini della loro autonomia. Ciò determina una situazione di continua negoziazione, che pone l'adolescente come protagonista attivo del proprio sviluppo.

In tal senso la letteratura psicologica, oltre che alla sua funzione costruttiva per l'intero nucleo familiare, evidenzia la centralità del ruolo del conflitto con i genitori durante l'adolescenza.

La presenza del conflitti in famiglia è un dato incontestabile, anzi, come sottolinea Arcidiacono nel suo libro, la totale mancanza di disaccordo intergenerazionale in famiglia è sintomo di problematicità attuale e potenzialmente futura: un certo livello di conflitto è assolutamente necessario, dal momento che costituisce un segnale di avvio del processo di autonomia e di differenziazione all'interno del sistema familiare da parte dei suoi membri.

"Tra vari autori che hanno proposto delle definizioni di conflitto, si considerano i conflitti come "episodi" sociali distribuiti nel tempo, mentre altri intendono il conflitto come "un'attività" sociale, condotta principalmente attraverso la conversazione e più precisamente come una muta opposizione, espressione delle differenze tra due o più individui o gruppi.

Va sottolineato dunque come l'accento sia stato posto spesso sulla distribuzione temporale dell'attività conflittuale, intesa come l'opposizione mediata dal linguaggio.

Tuttavia se, mentre alcuni autori hanno evidenziato, a proposito di conflitti, la natura dei fenomeni conversazionali che necessariamente utilizzano risorse linguistiche e pragmatiche dell'interazione discorsiva, altri hanno sottolineato come i conflitti verbali siano definibili in termini di istanze con i quali una persona si oppone a uno stato, azione o attributo personale di un altro: i conflitti pertanto includono disaccordi, accuse, correzioni, insulti e cambiamenti".[85]

Un'ultima posizione richiama la classica distinzione tra le due tipologie di conflitto:

- un conflitto distruttivo, caratterizzato da intensificazione ed espansione che non dipendono dal problema, oltre che da minacce e coercizione;
- un conflitto costruttivo, centrato sul problema e connotato da strategie di negoziazione e risoluzione comuni.

Tali dimensioni di costruttività e distruttività che potrebbero essere anche intesi in termini di operatività o non co-operatività, comprendono varie modalità di gestione del conflitto, che vanno dalla negoziazione al compromesso, dalla condiscendenza all'aggressività e alla coercizione.

Da un punto di vista metodologico, quindi, vanno considerati i "turni" conflittuali che concernono la successione sequenziale indicata a

[85] Arcidiacono F., (2007), *Conflitti e interazioni in famiglia*, Roma, Carocci

proposito della definizione operativa del conflitto, vale a dire opposizione e contrapposizione, che seguono un evento antecedente.

Il primo degli aspetti da considerare riguarda il verso degli episodi conflittuali, ovvero il riconoscimento del fatto che l'innesco del conflitto può partire sia da parte dei genitori, sia da parte dei figli.

"I dati della ricerca in proposito mostrano infatti direzionalità ben precise: nel 75% dei casi i genitori sono i problematizzatori, cioè innescano l'episodio conflittuale, nei confronti dei figli preadolescenti, che conseguentemente assumono tale ruolo solo nel 25% dei casi.

Considerazioni più specifiche evidenziano che sono le madri a generare più problemi dei padri e che i figli preadolescenti tendono preferenzialmente a problematizzare di più i padri rispetto alle madri.

In definitiva gli studi sulla problematizzazione sembrerebbero mostrare una tendenza materna a prendere di mira i figli, i quali però rivolgono le loro problematizzazioni non in risposta a chi problematizza, cioè le madri, ma piuttosto verso il padre.

In ogni caso una riflessione più globale concerne il fatto che le differenze risultano marcate più nel verso della direzionalità a livello generazionale, cioè i genitori problematizzano i figli molto di più di quanto questi non facciano verso i genitori, madri e padri problematizzano i figli più o meno allo stesso modo, così come per i figli non c'è una preferenza netta e assoluta nella problematizzazione dei padri rispetto alle madri".[86]

L'efficacia metodologica dell'analisi della conversazione ha poi consentito di cogliere aspetti legati all'osservazione di pratiche sociali di interazione spontanea. La conversazione, intesa come modalità privilegiata di interazione e co-costruzione di significati, ha costituito un essenziale riferimento per individuare occasioni di socializzazione all'interno del particolare contesto analizzato.

L'osservazione delle cene familiari e l'attenzione di scambi inquadrabili

---

[86] Arcidiacono F., (2007), *Conflitti e interazioni in famiglia*, Roma, Carocci

in termini di sequenze conflittuali hanno quindi offerto l'opportunità di cogliere gli aspetti linguistici e relazionali messi in gioco dai partecipanti alla conversazione.

Come già sottolineato più volte è impensabile trovare un punto di vista univoco in grado di cogliere la molteplicità degli aspetti legati al conflitto verbale: in virtù di ciò, quanto proposto di seguito va inteso come un ulteriore passaggio, che cerca di offrire sia un quadro di insieme, che nuovi spunti di riflessione scientifica.

Il primo punto rilevante è costituito dal fatto che l'indagine sui conflitti verbali debba partire dall'identificazione dell'episodio conflittuale: ciò prevede, su di un piano generale, il riconoscimento di determinate dimensioni della situazione interattiva.

I dati attualmente disponibili evidenziano la diffusione di "conflitti tipo" con orientamento serio, che si sviluppano secondo una modalità aggravata e si concludono spesso con un cambiamento dell'argomento di conversazione, lasciando quindi irrisolta la disputa.

Questo ci consente di inquadrare il conflitto verbale nella sua manifestazione più evidente e generale, anche se le sfumature attraverso le quali i conflitti si esprimono rendono peculiari le situazioni in cui hanno luogo.

Un ulteriore punto significativo deriva dal fatto che esistono una serie di legami tra i diversi aspetti del conflitto, con associazioni significative tra orientamento, modalità e tipo di chiusura delle sequenze conflittuali, oltre differenze in relazione ai ruoli giocati dagli interagenti.

Anche tali dati contribuiscono a rendere più complesso il fenomeno del conflitto verbale, sottolineando la necessità di un approccio pluri-metodologico e interdisciplinare.

Per ciò che concerne le strutture linguistiche che caratterizzano le situazioni analizzate, i dati mostrano una tendenza da parte dei figli, a esprimere maggiormente opposizione attraverso strategie argomentative e di tipo giustificativo.

Dal punto di vista dei ruoli di problematizzazione, i figli vengono presi maggiormente di mira dalle madri, pur rivolgendo poi le loro problematizzazione verso i padri; in ogni caso le differenze sono più marcate nel senso della direzionalità a livello generazionale.

Gli aspetti fin qui messi in evidenza hanno guidato alla comprensione delle dimensioni più ampie che caratterizzano le situazioni conflittuali ma, poiché una larga parte dell'interesse è volto alla rilevanza del discorso nello scambio conflittuale tra genitori e figli, è necessario sottolineare con forza che i dati e le acquisizioni derivanti dagli studi classici sul conflitto acquistano valore maggiore se messi in relazione con analisi ulteriori, maggiormente focalizzate su livelli di analisi qualitativa.

I preadolescenti ricorrono a strategie di un certo tipo in situazioni conflittuali, assumendo che queste siano efficaci al di là del contenuto semantico del conflitto.

Ovviamente queste indicazioni non permettono di generalizzare tali condotte per tutte le situazioni di conflitto tra genitori e figli, né di operare distinzioni di genere tra i preadolescenti: dai dati presi in esame non emergono infatti marcate differenze tra maschi e femmine sulle strategie adottate durante il conflitto coi genitori, seppure sia presente una maggiore varietà nel ricorso alle modalità di chiusura da parte dei maschi.

L'analisi delle sequenze conversazionali mette in luce anche il rapporto di stretta interdipendenza tra gli interventi dei diversi interlocutori impegnati nell'interazione e il ruolo del contesto discorsivo nel favorire la produzione di determinate strategie argomentative. Essenziale è rilevare tali modalità all'interno di un'ampia gamma di strategie possibili, dato che nel valutare l'andamento di un fenomeno anche solo un caso può essere significativo, purché rilevante rispetto all'oggetto di studio.

Un'ulteriore considerazione riguarda l'idea della centralità della dimensione discorsiva nel processo di costruzione degli spazi di azione di ciascun membro familiare.

Il conflitto verbale si pone anche come pratica sociale attraverso le cui norme i comportamenti si ratificano, operano e, sulla base dell'azione dei partecipanti, si trasformano. Poiché nelle conversazioni familiari a tavola l'azione conflittuale produce anche movimenti dinamici nel posizionamento interpersonale dei partecipanti, va notato come ogni episodio richieda il coinvolgimento dei diversi membri della famiglia, determinando la necessità di operare una riorganizzazione delle posizioni assunte da ciascuno.

Il contributo offerto da ognuno concorre a tale ridefinizione e si inquadra nel verso di un riallineamento, o almeno nel suo tentativo, dell'immagine familiare di nucleo unitario che va difeso da potenziali fonti di disgregazione.

5.2 Famiglie con figli Biologici

Parlare di una famiglia con figli biologici sembra un'incongruenza perché i figli per definizione sono figli biologici, in realtà i figli sono biologici perché sono i nostri ma possono anche essere figli adottivi, figli affidatari, figli "in prestito" , figli del mondo di cui ci si sente "genitori a distanza". Esistono quindi genitori, di conseguenza, che possono essere biologici, adottivi, affidatari eccetera.

Ciò che si delinea, quindi subito è il fatto che genitori lo si è in conseguenza al tipo di figlio che il destino ci ha potuto o voluto dare, ma anche, in base a ciò che abbiamo, a volte anche fortemente voluto, noi stessi. Quindi, si diventa genitori perché nasce un figlio, oppure perché si è già genitori prima, nel più intimo nostro essere.

Ci sono persone che non vorrebbero mai un figlio, altre che non ne sentono nessuna esigenza, altre ancora che dichiaratamente non lo sopporterebbero mai.

Da cosa nasce allora l'essere Genitori? Nasce da un fatto oggettivo, oppure da un sentimento che è già dentro a chi Genitore forse si è sentito da sempre?

Ed ancora, chi genitore si è sentito da sempre e per una fortunata ed alchemica congiunzione di susseguirsi di fatti per nulla casuali si ritrova a procreare una prole biologicamente propria, di questa prole se ne sente proprietario? E se sì perché, ma soprattutto è giusto che si senta così?

Queste ed altre domande hanno riempito i libri ed i trattati di Sociologia, Psicologia, Psichiatria, Medicina, senza che si potesse arrivare ad una risposta definitiva.

Come trattato da Luisa Molinari nel suo testo: *"Psicologia dello sviluppo sociale"*, la famiglia è il primo mondo sociale per i bambini, non solo in senso cronologico, ma anche per l'importanza che la cultura familiare, le relazioni, i significati delle azioni quotidiane, ricoprono nell'infanzia e spesso, per l'intera vita dell'individuo.

Il mondo familiare richiama inoltre l'importanza dei legami genetici, cioè dell'ereditarietà dei caratteri, che così frequentemente chiamiamo in causa quando cerchiamo di spiegare, o di ordinare nei nostri pensieri, le ragioni delle differenze individuali. Spesso in queste occasioni magicamente compare l'affermazione che, " *ogni bambino nasce con il suo carattere"*, liberatoria, in particolare per quelle madri, (ma anche per ogni adulto che ricopra un ruolo importante nella vita di un bambino), del pesante fardello di responsabilità che si accompagna all'essere genitori.

La nascita è indubbiamente un evento che ricade in prima istanza nella dimensione della naturalità, in quanto è per definizione un evento naturale in cui ha il sopravvento la componente biologica. Biologico è infatti, nel caso di figli naturali di una coppia, il riconoscimento immediato del neonato, che molto spesso si traduce nella ricerca di possibili somiglianze con genitori e fratelli ed altri parenti, somiglianze ricercate non solo dal familiare ma da tutti coloro che vengono a contatto con il piccolo e conoscono gli altri membri della famiglia. Il legame che unisce processi biologici umani, le forme dell'interazione che consentono l'organizzazione di questi processi e i sistemi culturali che dotano di significato le azioni concrete è attivo, infatti, a partire dal momento in cui un bambino nasce e viene accolto non solo dai familiari ma anche dall'organizzazione e dalle pratiche a lui rivolte dal sistema di valori, idee, immagini, condiviso dalla comunità culturale di appartenenza [87] .

Questa comunità, di cui parla Luisa Molinari, comprende in primo luogo la famiglia stessa e poi il contesto socio culturale di appartenenza, il quartiere della città in cui vive la famiglia, gli asili le scuole in cui il bambino verrà iscritto, e così via.

Un bambino che nasce in una famiglia benestante, residente in una grande città del Nord Italia sarà così inserito in sistemi culturali diversi da quelli sperimentati da un coetaneo nato in un piccolo paesino di montagna. I due infatti frequenteranno scuole diverse, per ampiezza, disponibilità di mezzi, occasioni per stare coi compagni, e questi sistemi culturali avranno ripercussioni sui modi di relazione che i piccoli sperimenteranno in famiglia e al di fuori di essa e si intrecceranno con le caratteristiche personali di ogni bambino.

Il risultato di questo complicato processo del bambino, che diverrà adulto, diverso da ogni altro non semplicemente perché: " è nato col suo carattere", ma perché i possibili intrecci fra le variabili in gioco sono molteplici.

La famiglia è quindi per i bambini la prima comunità, ma come si definisce una famiglia?

La maggioranza dei bambini viene allevata dai genitori biologici, ma in altri casi l'ambiente di crescita è diversificato, soprattutto vede la presenza di varie figure rilevanti: genitori adottivi o affidatari, il nuovo partner di uno dei genitori, o di entrambi, o anche gruppi comunitari che assumono le responsabilità genitoriali.

La configurazione familiare può così variare dalla più semplice alla più complessa, quale quella di due genitori non più conviventi, magari entrambi risposati e con prole.

Nell mondo familiare di un bambino vi sono almeno tre caratteristiche di base:

---

[87] Molinari L., (2007), *Psicologia dello sviluppo sociale*, Bologna, Il Mulino

- la presenza di membri che si collocano fra loro in relazioni asimmetriche,di tipo verticale, almeno un genitore almeno un figlio;
- i riferimenti adulti , uno o più, che garantiscono la sopravvivenza, la risposta ai bisogni e la cura dei piccoli nella prima infanzia e che consentono anche lo strutturarsi di legami esterni alla famiglia stessa, nell'infanzia e nell'adolescenza;
- L'organizzazione quotidiana fondata sui ritmi caratterizzati da regolarità e prevedibilità, che si trasformano rapidamente in routine e rituali domestici.

Bondioli e Molinari in un'intervista effettuata nel 2005 hanno riscontrato che i bambini hanno spesso affermato che la famiglia è un luogo in cui ricercano la normalità, rintracciabile nei ritmi della vita quotidiana e nei riferimenti agli adulti che garantiscono lo scorrere delle giornate.

La ricerca della normalità, radicata nella sicurezza dell'andamento prevedibile delle giornate e delle risposte coerenti degli adulti, è riscontrata in ogni forma di famiglia, anche in quelle che presentano caratteristiche di difficoltà.

In altri bambini intervistati, collocati in affidamento familiare a causa di situazioni problematiche nella famiglia di origine, non idonea alla loro crescita,si riscontra più volte l'importanza attribuita alla prevedibilità delle azioni domestiche e alla sicurezza che i ritmi strutturati della quotidianità trasmettono.

Assume rilevanza la capacità di gestire i cambiamenti familiari, le emergenze affettive, le evoluzioni caratteriali, i periodi del ciclo vitale, sia della famiglia nella sua totalità sistemica, sia dei figli nella loro singolarità ed unicità.

5.3 Gestire i cambiamenti

La famiglia in quanto sistema complesso, composto di tante parti, rappresenta un organismo che vive di vita propria dove, la regola: "l'insieme delle parti non corrisponde affatto alla somma dei componenti", promuove altri assunti di base, che devono essere presi attentamente in considerazione, se si vuole cercare di capire profondamente le dinamiche di questo "sistema".

Fermi questi punti di partenza, si può tentare di capire perché, in una famiglia che vive anche solo una momentanea situazione di equilibrio, qualora cambi un'apparentemente piccolo elemento, il rischio diventi un cambiamento dell'intero sistema per adeguarsi o riequilibrarsi oppure un disequilibrio e una de-stabilizzazione.

Come sostengono Eugenia Scabini ed Ondina Grieco, la famiglia è un'organizzazione relazionale segnata da transizioni.

La specificità della famiglia consiste nel fatto che essa è un'organizzazione di relazioni che ha come progetto intrinseco la generatività.

Essa poi, come forma sociale primaria intrattiene scambi significativi con l'esterno assestando e modificando i suoi confini in relazione al contesto comunitario nel quale è immersa.

Due sono gli assi relazionali interni alla famiglia: quello coniugale e quello parentale-filiale. La relazione coniugale si basa sulla differenza di generi, la relazione parentale-filiale. implica invece la differenza di generazione e le conseguenti responsabilità di quella che precede su quella che segue.

La relazione è ciò che lega, anche inconsapevolmente, i soggetti tra di loro. E' ciò che è sedimentato incessantemente in quanto a norme, valori, riti e modelli di comportamento. L'aspetto specifico della relazione resta perciò nei processi di legame interpersonale, (tra coniugi, tra fratelli), o intergenerazionale, (la nuova famiglia, la famiglia di origine, tra genitori e figli), e tra la famiglia e la comunità.

Come cita Scabini, la relazione tuttavia non è rilevabile in sé, ma si evidenzia durante le transizioni. Noi utilizziamo il concetto di transizione come elemento cardine dell'approccio relazionale-simbolico.

Ogni transizione è un passaggio da una condizione data a una condizione nuova che ripropone ai familiari la necessità di rielaborare le relazioni che hanno instaurato e di dare loro nuovi significati alla luce delle mutate condizioni.[88]

Le transizioni sono in genere innescate da eventi specifici e puntuali: le transizioni chiave del ciclo di vita familiare sono infatti date dalle acquisizioni di nuovi membri, (in seguito a matrimoni, nascite, adozioni), e dalle perdite, (morti, separazioni, malattie). Altri eventi altrettanto specifici appaiono sfuocati e meno riconoscibili e circoscrivibili: pensiamo la transizione all'età adulta o alla vecchiaia.

Ogni transizione innesca una crisi nell'organizzazione familiare, modifica equilibri consolidati e spinge i componenti della famiglia a trovare una nuova organizzazione nelle relazioni, adeguata alla nuova situazione. Anche se queste transizioni sono causate da eventi prevedibili o imprevisti, questi periodi costituiscono una opportunità per la famiglia per affrontare in maniera costruttiva il cambiamento o, all'opposto possono rappresentare un ostacolo difficile e, in certi casi, impossibile da superare.

È nel momento del passaggio, nel cambiamento, che si comprende veramente quale sia il patto sottostante a una certa organizzazione della famiglia, quali modelli di relazione si sono consolidati, quali aspetti del legame sono fonte di benessere e quali, invece, sono generatori di disagio.

La crisi innescata dalla transizione svela la verità relazionale di una famiglia e rappresenta un'occasione privilegiata per osservare le

[88] Cigoli V. (1988) *Giovani Adulti e loro genitori,* Milano, Vita e Pensiero, pagg. 107-116

dinamiche familiari: è nelle fasi di passaggio che si comprende se lo scambio tra generazioni è avvenuto all'insegna dell'equità o iniquità, e al contempo, se e in che misura sia possibile modificare le relazioni all'interno della famiglia alla luce dei cambiamenti richiesti dalla transizione.

La transizione non è semplicemente un passaggio da una posizione all'altra, ma qualcosa che va superato e implica il raggiungimento di un obiettivo. La transizione, per tutti quelli che ne sono coinvolti, ha insito un compito di sviluppo, vale a dire l'acquisizione dell'esercizio affettivo delle competenze relative al nuovo ruolo ed alla nuova relazione in generale.

Si considera una transizione riuscita se i soggetti coinvolti riescono ad adattarsi ai cambiamenti richiesti in modo da ridurre o eliminare condotte e atteggiamenti poco congruenti con la situazione. Questa soluzione adattiva esprime però una visione del benessere familiare di corto respiro, che non tiene in considerazione lo spettro intergenerazionale delle relazioni familiari e, in particolare, i processi di differenziazione dalla famiglia d'origine.

Come già sottolineato da Weiss (1985), il matrimonio su cui entrambi i coniugi lavorano è ora la forma più comune. Su un piano teorico questo contratto è caratterizzato da ruoli simmetrici tra moglie e marito. L'idea sottostante questo tipo di relazione è che l'investimento lavorativo dei due sia di uguale importanza per la coppia e ciascuno si prenda la responsabilità di accudire i figli e di occuparsi della casa.

Anche se la maggior parte delle mogli è ora impegnata nel mondo del lavoro, la stragrande maggioranza dei contratti matrimoniali si basa su un sistema di idee tradizionale. Il "Quid pro Quo" coniugale è rimasto indietro rispetto ai cambiamenti sociali, per cui le donne finiscono per aggiungere un'occupazione fuori casa al tradizionale carico di impegni al suo interno.

La maggior parte degli uomini le cui mogli lavorano ha poche responsabilità domestiche in più rispetto agli uomini che sono soli a provvedere economicamente alla famiglia. Questo fatto sottolinea un serio squilibrio strutturale nei matrimoni contemporanei.

Il risultato è spesso una rottura del contratto che prevede una leadership condivisa nella famiglia, una disparità tra l'accordo iniziale e il modello di vita di tutti giorni. Nelle coppie nate sulla base di un contratto che prevede che tutti e due lavorino, le difficoltà insorgono al momento dell'allevamento dei figli.

Nella riorganizzazione necessaria, in genere la moglie si fa carico di ulteriori responsabilità a casa, nella maggior parte dei casi compromettendo o sacrificando la propria carriera, mentre il marito continua a perseguire pienamente i suoi obiettivi.

In una ricerca condotta negli anni 1984-85 da Piotrowski e Pleck, si giunge alla conclusione che "*spesso la donna sceglie di stare a casa perlomeno part-time fino a quando i figli sono piccoli, il che può far sorgere immediatamente un conflitto. Se confronta se stessa in base agli standard tradizionali maschili e femminili sentirà di non funzionare bene, né su un piano, né nell'altro, poiché da una parte si paragonerà in maniera competitiva al marito impegnato totalmente nel perseguimento di obiettivi di carriera, (come lei stessa precedentemente) e dall'altra parte dovrà farlo con la propria madre, che si è dedicata interamente al ruolo di madre e moglie.*

I mariti raramente scelgono di stare a casa a lungo, dal momento che il valore dell'identità maschile è misurato in termini di successo sul lavoro. In sostanza "gli uomini sono allevati in modo che la definizione di sé passa attraverso la prestazione sul lavoro, un imperativo questo, che qualche volta interviene anche in casi di disfunzione sessuale allorché l'ansia da prestazione interferisce con l'intimità sessuale". [89]

Nella maggioranza delle coppie è la donna ad abbandonare la carriera lavorativa. Si tratta di un meccanismo circolare di feedback: gli imperativi biologici alla gravidanza ed all'accudimento dei figli sono il significato che la nostra cultura attribuisce al legame madre-bambino e

[89] Andolfi, (1999), *La crisi di coppia: una prospettiva sistemico-relazionale*, Milano, Cortina, pagg. 60-62

fanno sì che le donne rinuncino agli altri impegni concentrandosi sui figli.

In seguito, poiché ella rimane a casa più del marito, si prende anche la maggior parte delle responsabilità familiari e più tempo passa in casa e più è naturale che si faccia carico di tutti i lavori domestici. Lui fa carriera, lei abbandona la sua, quanto più il contributo economico conferisce importanza e legittimazione al lavoro, tanto meno ci si aspetta che il marito partecipi al funzionamento quotidiano della famiglia.

Quanto più centrale diviene la posizione della moglie nel funzionamento della famiglia, tanto minori sono le energie che questa ha per la propria carriera.

A fronte di questi presupposti si delinea una diversità di gestione tra chi ha più tempo da dedicare ai figli e chi meno. Aumentano così, con l'andare del tempo e delle relazioni, le differenze di metodi educativi che sono, spesso, dettati dal minore o maggiore tempo che i coniugi possono dedicare all'educazione dei propri figli, aumentando anche le differenze strategiche e relazionali.

In risposta a ciò un figlio/a restituirà un certo tipo di feed-back relazionale, sulla base di quanto tempo/attenzioni avrà ricevuto ed alla qualità delle stesse. Queste differenze quindi, prendendo come "sistema di misura" principalmente il tempo, saranno inevitabilmente ampie ed i primi a non essere spesso d'accordo saranno prima di tutto i Partner, che rischieranno un innesco relazionale destabilizzante.

La migliore politica rimane il dialogo, (preventivo), che instauri in modo armonico e vicendevolmente integrante, delle regole, delle strategie, dei "modus operandi" da seguire al fine di evitare le discussioni e le incomprensioni, che danneggerebbero il rapporto ed indebolirebbero l'immagine costruttiva, normativa, delle figure genitoriali.

5.4 Comprendere ed accettare differenti strategie educative

I genitori hanno quindi, diverse tempistiche e modalità educative, ma, ancor più hanno diversi vissuti e diverse educazioni a loro volta. Provengono da famiglie diverse, che a loro volta hanno diversi "miti" e storie da "raccontare.

Queste due diversità si incontrano e, come abbiamo già visto, attraverso un "patto" mettono insieme tutte queste variabili e cercano di fare in modo che possano convivere armoniosamente. E' indubbiamente uno sforzo enorme, che se non potesse essere coadiuvato dal potente motore dell'Amore, non partirebbe nemmeno.

L'Amore è sicuramente un buon inizio, ma non è sufficiente a fare in modo che il "sistema famiglia", prosegua la sua corsa arrivando alla meta comune che ci si è prefissata.

Le differenti strategie educative che vengono messe in campo dai genitori che compongono la coppia saranno sicuramente differenti, ma se il fine ultimo è il bene del minore, questo non dovrebbe essere l'ostacolo più importante.

Affrontare compiti evolutivi senza dubbio significa andare incontro a momenti di depressione, tristezza, chiusura in se stessi, insicurezza, dubbi, sentimenti contrastanti, tensioni nel rapporto con i genitori. Questa instabilità emotiva innervosisce e confonde gli adulti. Se non sanno gestire la situazione con la dovuta calma, interverranno in modo affrettato per aiutare il figlio a superare i problemi, anche se lui non lo desidera affatto.

Non sono soltanto le stranezze dei ragazzi a mettere in ansia i genitori. Anche le regressioni comportamentali, cioè il ritorno a forme di percezione della realtà tipiche dell'infanzia, oppure manifestazioni di iperattività trasmettono loro l'impressione che la figlia o il figlio siano oppressi dai problemi. Il desiderio di coccolare un animaletto di peluche, ricominciare a dormire con l'orsacchiotto, andare a ripescare e mettersi a sfogliare il libro delle fiabe, una gioia quasi infantile nel guardare i cartoni animati, rientrano, ad esempio, nella normalità del percorso adolescenziale.

Le regressioni sono normali quanto le ore passate al telefono con i coetanei, con cui ci si può sentire anche varie volte al giorno, quanto le feste e le serate in discoteca, le gite pomeridiane nelle città vicine.

Come suggerisce Jua-Uwe Rogge, trattando gli stili educativi e le strategie anti-disarmonia, anche se la maggior parte dei ragazzi porta a termine con successo la propria maturazione nelle varie fasi di vita, non si possono ignorare percorsi a rischio. Ci sono crisi a cui possono andare incontro soggetti problematici, che non sono da sottovalutare. Non di rado questi ragazzi si trovano a dover affrontare situazioni estremamente difficili, poiché non possiedono la capacità di aggredire i problemi e risolverli da soli.

Un rapporto complicato con i genitori, la mancanza di amici o complessi di inferiorità di vario genere impediscono di sviluppare fiducia in se stessi. I problemi possono accumularsi fino a mettere i figli nell'impossibilità di continuare il loro percorso di crescita.

"*Alcuni fattori che possono avere un effetto negativo sulla capacità di affrontare i compiti evolutivi sono:*

- *uno stile educativo iperprotettivo, che soffoca i ragazzi;*
- *rapporti che evitano i conflitti e che si basano sul principio di perseguire l'armonia a tutti i costi;*
- *genitori che non percepiscono e non vogliono percepire il cambiamento dei figli e che non permettono loro di sviluppare un senso di indipendenza;*
- *genitori troppo impegnati che non capiscono l'importanza di un rapporto educativo basato su attenzioni vicendevoli. Questa noncuranza provoca spesso nei figli un vuoto interiore, che nei litigi porta ad offendere e ferire l'altro;*
- *genitori che ottengono obbedienza e sottomissione attraverso ordini e punizioni, come se educare volesse dire plasmare;*

- *esperienze problematiche come la separazione, il divorzio, il trasferimento da una città all'altra, malattie o morte di persone di riferimento possono diventare un peso difficile da portare".*[90]

Anche se ovviamente non è possibile evitare completamente gli influssi negativi provenienti dall'esterno, resta chiaro che la migliore politica educativa viene sviluppata a monte dei problemi, con discorsi preventivi, confronti, armonia ed unanimità nelle decisioni prese, che possibilmente non devono essere cambiati "in corsa".

Così se la decisione di una punizione viene presa da uno dei due genitori, resta chiaro che l'altro ne sarà partecipe e in accordo. Contrasti, discussioni, litigi, in quella sede, rappresentano soltanto un chiaro disaccordo con i quali i figli si confrontano immediatamente, soppesando e giudicando la politica educativa dei genitori, che apparirà, ovviamente, non chiara e distonica.

In questi casi rimane così l'insicurezza di fondo che molti genitori trasformano in paura. A quel punto optano per la teoria pedagogica della campana di vetro, quando invece si può ridurre il rischio offrendo altre forme di protezione, per esempio:

- un ambiente in cui sia percepibile il sostegno dei genitori con un'azione attiva da non da confondere con iperprotezione;
- trasmettere all'adolescente autonomia e senso di responsabilità, aiutandolo in tal modo ad avviarsi sulla strada dell'indipendenza e a conquistare fiducia in se stesso. Grazie ai successi riuscirà a proseguire lungo la sua strada.
- sono importanti inoltre l'amicizia e il senso di appartenenza al gruppo dei coetanei, perché in questo ambito non di rado gli adolescenti apprendono norme e valori, che vengono contrapposti a quelli offerti dalla famiglia. Soltanto nel confronto l'adolescente scopre la propria via.

---

[90] Rogge J.U., (2003), *Vietato entrare,* Milano, Pratiche Editrice

- il confronto coi genitori si rende necessario per imparare ad affrontare ogni tipo di conflitto: affrontarli significa aggredirli, evitarli impedisce di diventare autonomi.

Ecco perché, i figli, cercano il confronto con i genitori. Vogliono imparare da loro, confrontandosi con quello che dicono e che fanno. In quale altro modo potrebbero farlo se non attraverso l'affetto incondizionato che questi gli offrono?

"Quando sono seduto di fronte ai miei", racconta Mona, "mi sembra di essere in tribunale. Devono sempre aver ragione loro. Su tutto! E poi le prediche di mio padre: il pubblico ministero. Mia madre è un po' più morbida. Certo il suo giudizio è inappellabile, però lo pronuncia con una voce d'angelo!"

"Anche mia madre è così", interviene Nadine, "ha fatto un corso di comunicazione. Cerca di raggirarmi. Ma non ci riesce. Poi si mette a fare la gentile, con la sua voce suadente. Se poi non riesce ottenere proprio nulla, si offende e alla fine anche lei urla".

"Da me invece", interviene Traudel, "si parla soltanto di voti di scuola. E mi chiedono sempre dei compiti. Non ne posso più. Per i miei sono solo una studentessa non una figlia."

"Non ti lasciano parlare hanno una soluzione pronta per tutto", spiega Lisa, "ma interesse per me, per quello che penso, per i miei problemi, quello proprio non ce l'hanno."[91]

La mancanza di dialogo, una comunicazione povera, chiudersi in se stessi dopo aver litigato e l'incapacità di ascoltare caratterizzano molti rapporti tra genitori e figli. I figli hanno assoluto bisogno di mantenere il contatto con i genitori, anche se nelle fasi della loro vita gli amici e i coetanei assumeranno sempre maggiore importanza.

Molti interpretano la chiusura dei propri figli come una volontà di rompere i rapporti familiari. Credono che il ruolo dei genitori sia solo un ruolo normativo, determinato dalle responsabilità, anziché dall'affetto.

---

[91] Rogge J.U., (2003), *Vietato entrare,* Milano, Pratiche Editrice

Nello sviluppo dei figli è importante parlare con loro, restare vicini e tenere sempre un vivo rapporto.

Come scrive Rogge nel suo libro "*Vietato entrare*" se si chiede ai ragazzi che cosa si aspettano dai genitori, emergono alcuni aspetti comuni: il dialogo richiede tempo e tranquillità. Nella frenesia e nel baccano non si discute di niente, non si possono risolvere i conflitti.

I figli vogliono sentirsi accettati. Ciò potrà avvenire solo dedicandosi tempo reciprocamente in un rapporto fatto, oltre che di dialogo, di sguardi, di attenzioni e di un'atmosfera di fiducia.

I figli hanno bisogno di un linguaggio chiaro e trasparente, vogliono sapere fino a che punto si possono spingere. Se i genitori si preoccupano perché il figlio è sempre più scostante e arrabbiato, è indispensabile che esprima nel loro stato d'animo, senza nascondersi dietro accuse, ammonizioni o prediche.

"Premessa fondamentale per il rispetto reciproco della comunicazione tra genitori e figli è la capacità di ascoltare, senza interrompere e sbottare. Ascoltare significa anche domandare senza fare l'interrogatorio. Quando i ragazzi tornano da scuola e si sentono chiedere: " com'è andata oggi?", è difficile che genitori ricevano una risposta vera e propria. Il desiderio di dialogo dei genitori può essere formulato in modo differente, per esempio raccontando la propria mattinata, decidendo insieme al figlio quando affrontare il tema della scuola.

Alcune discussioni finiscono tra le urla. Tutti i coinvolti si fanno prendere dall'agitazione. Ma con la rabbia non si risolvono i conflitti. A quel punto ha più senso girare alla larga per un po', (per esempio lasciando la stanza), per poi, in un secondo momento -a mente lucida- , cercare insieme soluzioni possibili.

Se durante la lite ci si dovesse lasciar sfuggire cose che non si pensano, è segno di superiorità scusarsi o ritirare subito quanto detto. Tenere inoltre presente che i figli, ed a maggior ragione se adolescenti, hanno bisogno di tempo per riuscire a scusarsi delle cattiverie che riescono a dire per effetto della rabbia. Una comunicazione equilibrata è possibile soltanto sulla base del rispetto reciproco".[92]

Sono queste le atmosfere familiari dove proliferano le maggiori possibilità di destabilizzazione dell'armonia e dell'accordo anche tra i coniugi. Questi trovandosi a fronteggiare vari tipi di emergenze educative ed organizzative, ed avendo ognuno le proprie idee e politiche, è possibile che non trovino un accordo immediato sulla migliore soluzione da adottare. Ciò favorisce la "confusione" familiare che in mancanza di regole, direttive, opinioni chiare, instaura un "clima" di incertezza e quindi di ansia, soprattutto nei figli più piccoli, che per cercare inconsciamente di sbrogliare la matassa, attirano l'attenzione su se stessi, per far cessare le discussioni o i litigi, o peggio, si chiudono in se stessi, conquistando una sorta di impermeabilità alle liti familiari, ma anche, all'affettività e all'educazione.

Queste differenze vanno comprese, studiate ed accettate. Solamente attraverso la comprensione delle differenze sarà possibile l'integrazione educativa di entrambi i genitori senza conflittualità e quindi disarmonia.

5.5 Tolleranza e libertà di sbagliare

La comprensione degli errori dell'altro ma, soprattutto dei propri, la tolleranza di questi errori verso gli altri, ma anche verso se stessi, è un ottimo aiuto per riuscire a riarmonizzare sempre il "Sistema" famiglia, riequilibrandolo, imparando dai propri errori per non commetterli un'altra volta e dagli errori degli altri, "specchiandoci" come spesso accade in un "déjà vue" personale.

I figli sbagliano. È un prezzo da pagare! Ma è sempre colpa loro? Anche i genitori sbagliano, e questo si deve capire, perché il mestiere del genitore, nonostante una bibliografia ormai immensa, nella pratica nessuno lo insegna.

---

[92] Rogge J.U., (2003), *Vietato entrare,* Milano, Pratiche Editrice, pagg. 127-132

L'incompetenza dei figli nell'affrontare molte situazioni spesso è solo il riflesso dell'approssimazione con cui gli adulti si preoccupano di loro, soprattutto quando si interrompe quel legame meraviglioso che intercorre fra il suggerimento o la richiesta di un certo comportamento e la capacità di testimoniare per primi un certo modo di essere e di fare.

Marianna Pacucci, nel suo testo "*Educare in famiglia un'impresa esaltante*", dice questo sapendo che i ragazzi non saranno mai la fotocopia dei genitori e che quotidianamente sono esposti a una pluralità di stimoli e condizionamenti, che vanno ben oltre la famiglia.

Tuttavia è fortemente convinta che in casa si possano ricevere i migliori anticorpi per non cedere agli errori, alle tentazioni che l'esperienza di ogni giorno mette dinanzi. Non si tratta secondo l'autrice di impermeabilizzare rispetto alle pressioni sociali, ma di rendere attenti, consapevoli, autonomi, critici. Tutto ciò non rende automaticamente immuni dagli sbagli, ma aiuta a riflettere prima di prendere qualsiasi decisione.

"Che ci piaccia o no è inevitabile che i nostri ragazzi sbaglino, ed anche noi. E' il prezzo che loro devono pagare per diventare grandi, per imparare a fare da soli, per guardare le cose da una prospettiva che inevitabilmente non coincide con la nostra.

È altrettanto vero che qualche volta è possibile intervenire per aggirare un rischio che può rimediare un guaio; altre volte invece tocca mettersi da parte, rodersi il fegato sulla nostra impotenza e lasciare che i giovani risolvono da sé i problemi che sono creati con le loro stesse mani." [93]

Tutto questo è certamente doloroso, ma salutare per tutti. Per i figli, perché si salvino dalla tentazione dell'onnipotenza che la cultura contemporanea mette davanti ad ogni piè sospinto; per gli adulti, spesso malati di perfezionismo.

E' benefico, soprattutto per riattivare i canali della solidarietà fra le

---

[93] Pacucci M., (2010), *Educare in famiglia un'impresa esaltante,* Leumann Torino, Elledici, pagg. 35-38

generazioni: è troppo facile volersi bene, condividere la vita quando va tutto bene, quando ciascuno soddisfa le aspettative degli altri.

Marianna Pascucci, sottolinea come il vero test della vita familiare consista nella capacità di darsi l'uno all'altro: *" ti amo, ti stimo anche se sei una persona normale e quindi fragile; anche se il bilancio fra i tuoi talenti e i tuoi limiti qualche volta va in rosso; gli voglio bene nonostante le tue debolezze ed i tuoi errori".*

Quanto sopra tratta di un investimento costoso sul piano affettivo, c'è sicuramente una sorta di credito gli uni verso gli altri: marito verso moglie, compagna verso compagno, genitori verso i figli e viceversa.

Tutti o quasi, i figli hanno vissuto in famiglia l'esperienza in cui volersi bene emergeva solo occasionalmente. Spesso alle prese con padre autoritari o madre protettive, si è evitato il loro affetto, rivendicando l'autonomia, anche a costo di pagarla con la solitudine.

A mio avviso, oggi noi genitori, forti di certe esperienze, cerchiamo di esprimere l'affetto verso i figli facendo più attenzione alle loro esigenze e alla fame di libertà che ne caratterizza anche la fase adolescenziale, dimostrandoci discreti e tolleranti, forse anche troppo, tanto da dare l'impressione di abbandonarli a se stessi, soprattutto quando, a causa delle nostre preoccupazioni, ci riduciamo a dedicare loro solo qualche scampolo di tempo.

Abbiamo forse maturato una migliore consapevolezza affettiva e realizzato una maggiore democrazia in famiglia, ma non basta, purtroppo. Andando a fondo nell'analisi dell'esperienza familiare che viviamo ogni giorno, dobbiamo, secondo me, prendere atto di alcune difficoltà e povertà evidenti: le relazioni fra marito e moglie e fra genitori e figli sono spesso improntate ad una sorta di consumismo affettivo e ad una reciprocità che ricorda la regola dei diritti e dei doveri e non la logica della gratuità e del servizio.

Ancora la Dottoressa Pacucci afferma che inoltre si ha spesso la sensazione che il tempo donato alle persone che amiamo sia una perdita, piuttosto che un guadagno, perché non ci viene restituita una porzione uguale di gratitudine.

Non è un caso che le attuali generazioni siano convinte che è meglio rimanere single piuttosto che affrontare l'avventura del matrimonio e che comunque la famiglia spesso costituisca un ostacolo per la realizzazione personale. Questo rende più insoddisfacente la vita, e crea un'ipoteca sul contributo che siamo chiamati a dare all'educazione dei figli: possiamo davvero guidarli ad una effettiva maturità senza offrire loro l'esperienza di relazione familiare profonda e gratificante?

Che ci piaccia o no, dobbiamo preoccuparci di offrire alle nuove generazioni criteri che rendono possibile e opportuno il confronto con l'autorità dei genitori, prima ancora di fare attenzione alle cose concrete che devono incontrare e magari, la loro obbedienza.

Si tratta di condividere un cammino lungo e laborioso, nel quali i giovanissimi vengono contagiati, innanzitutto, dall'idea che valga sempre comunque la pena di cercare la verità della propria esistenza insieme ad una guida un po' più esperta: la solitudine è ben altra cosa dell'indipendenza e rende molto più faticosa e incerta qualsiasi scelta e azione.

Un genitore che ha in tasca tutte le risposte alle domande dei figli e tutte le soluzioni per i loro problemi, finirebbe con l'essere un grande ostacolo per chi deve guadagnare la propria autostima e sa che dovrà procedere per tentativi ed errori nel cammino della maturità.

Mai come in questo momento emerge la fame di educazione da parte delle nuove generazioni, mentre si moltiplicano sul versante degli adulti segnali di disorientamento e di rinuncia ad assumere consapevolmente la responsabilità educativa.

Questa situazione potrebbe far pensare a uno dei tanti appuntamenti mancati della nostra storia quotidiana, e invece si rivela una grande occasione per ripensare radicalmente al ruolo di genitore, accettando una volta per tutte l'idea che l'educazione non può essere mai un evento che marcia in senso unico e per giunta dall'alto verso il basso.

Marianna Pacucci ribadisce che questo è il senso della circolarità psicologica, all'interno del sistema famiglia. Un sistema strutturato in maniera mai univoca, bensì sempre da considerarsi un intreccio di relazioni complesse, in cui ogni attore, componente del sistema, dà a tutti gli altri, e da essi riceve moltiplicato per il numero dei componenti coinvolti nella relazione. Come dire che le cose buone non si fanno mai da soli, come anche gli errori non vengono compiuti da soli. Essi sono il risultato di una circolarità sistemica che nella famiglia ha uno dei suoi più chiari e forse più complessi esempi.

È quindi inutile " flagellarsi" per gli errori compiuti, prendendo in considerazione che questi errori, fanno parte del sistema e da esso sono, a volte, innescati ed elaborati. A fronte di questo concetto, è necessario lavorare vicendevolmente, al fine di comprendere, e se necessario, perdonare, gli errori fatti dall'altro/i, al fine di poterli quindi usare nel migliore dei modi.

5.6 Soppressione dell'Ego v/s Armonia e Amore comune

L'uomo è portato per sua Natura a cercare continue conferme del suo essere e del suo operato. Questo, perché, deve soddisfare il suo ego mentre una famiglia è un organismo che funziona in "concerto", come un'orchestra dove gli elementi singoli si perdono nel "frastuono" musicale, per esaltarsi nell'armonia e nel "tema" univoco, come se fossero un sol strumento.

La "morte" della singolarità a favore dell'unità e del concerto Familiare, l'unicità di ognuno per esaltare la pluralità familiare.

Teoria difficilissima, che può funzionare solo se c'è Amore e disinteresse personale a favore del "Gruppo", Armonia ed Amore comune.

Marianna Pacucci scive che un'amica le spiegò che: *"la possibilità di chiedere di dare per-dono, (disse proprio così, suggerendomi che in questo sentimento c'è il regalo più grande che si possa offrire l'un l'altro), è, in fondo, l'unica certezza nell'amore coniugale e nel rapporto fra genitori e figli, la sola cosa che ti fa assaporare la speranza del futuro, quando intorno a te le cose non vanno affatto bene."*[94]

Con il tempo ci si rende conto che questi atteggiamenti non si possono improvvisare e sono il punto di arrivo di un cammino molto lungo, e spesso doloroso, in cui ci si lascia educare dagli altri e dalla vita stessa, mettendo in discussione i propri sentimenti, le reazioni emotive, un modo di ragionare, che si dà per scontato anche quando si comprende che non serve a nulla.

Ci vuole un allenamento costante a chiedere scusa; se non si comincia dalle piccole cose e se non si cerca di rendere abituale una certa sensibilità, sarà difficile scuotere la polvere che inesorabilmente si accumula sul proprio orgoglio.

Sostiene inoltre che, quando si preferisce il silenzio, o si aspetta che il tempo da solo consenta una riconciliazione, si coltivano pericolose illusioni: le cose non possono mai tornare a posto automaticamente, indipendentemente da noi e della nostra disponibilità ad ascoltare ed esprimere quel che proviamo davvero.

Occorre una pazienza intelligente per trasformare un muro in un ponte e senza perdono questo miracolo non può realizzarsi; le pietre che butti giù, se non hai nella mente e nel cuore un progetto diverso per utilizzarle, diventano solo un cumulo di macerie.

Chiedere scusa è l'unico modo per rimettere in ordine le relazioni affettive, per dare loro un orientamento positivo, per comprendere come certi materiali grezzi, (e ogni persona lo è soprattutto quando è acerba negli anni o nel suo processo di maturazione), possono diventare risorse preziose per costruire e condividere un'identità e una storia.

Se non il "bando" bisogna pensare almeno alla messa da parte del proprio orgoglio in certe pratiche e relazioni personali e familiari.

Troppo spesso nelle dispute familiari e nelle incomprensioni si fa sfoggio della propria paventata saggezza, istruzione, esperienza, là dove invece,

---

[94] Pacucci M., (2010), *Educare in famiglia un'impresa esaltante,* Leumann Torino, Elledici, pagg. 323-325

ci sarebbe bisogno di comprensione ed amore, di tolleranza ed attenzioni.

L'ego personale fa da padrone in certi riti familiari. Certe "ragioni", per altro giustamente acquisite con dati oggettivi, dovrebbero essere condivise, e dovrebbero servire al bene del "Sistema Famiglia" anziché essere usate per fini "ego-istici" e per dimostrare di essere il più saggio, il più bravo, il più sapiente.

L'armonia e l'atmosfera Amorevole dovrebbe essere il fine ultimo da perseguire all'interno di un sistema famigliare.

CAPITOLO 6

Prevenzione e riparazione della destabilizzazione nella famiglia adottiva

6.1 Famiglie con figli Adottivi

David Chamberlain inizia il suo libro, "*Babies remember birth*", con questa dichiarazione, che anche biologicamente trova svariate conferme: "*la verità è che molto di quello che abbiamo tradizionalmente creduto dei bambini è falso. Abbiamo frainteso e sottovalutato le loro capacità. Non sono esseri semplici, ma creature complesse e senza età, con i pensieri insospettabilmente grandi.*" Chamberlain continua: " *i neonati sono più di quello che supponiamo. Alcuni minuti dopo la nascita, il neonato può riconoscere il viso di sua madre -che non ha mai visto- tra diverse foto [...]. La verità, da poco scoperta, è che i neonati possiedono tutti i loro sensi, e ne fanno uso proprio come noi. Le loro grida di sofferenza sono autentiche, i neonati non sono insensibili; siamo noi ad esserlo".*[95]

Se i neonati ricordano la nascita, allora ricordano anche qualcosa accaduto subito dopo, ovvero che la loro madre, la persona alla quale erano legati e che si aspettavano li avesse accolti nel mondo, è improvvisamente scomparsa. Quest'esperienza come colpisce le emozioni e i sensi di un bambino appena nato?

Non possiamo dare per scontato che i neonati siano ignari o insensibili. Vi sono troppe prove del contrario, come ha scritto Chamberlain: percepiscono sia a livello fisico, sia emozionale. Spesso comunque, le pratiche ostetriche come le procedure adottive riflettono questa nuova intuizione.

Parte di ciò che sappiamo non è necessariamente una novità ma, a quanto

---

[95] Chamberlain D., (1988), *Babies remember birth* , Los Angeles, Tarcher

mi risulta, non è mai stata applicata ai bambini abbandonati.

John Bowlby, nel parlare del comportamento dei bambini che hanno sofferto per la morte del genitore, ha descritto le varie reazioni di un neonato alla scomparsa della madre. Egli ha affermato che il comportamento del bambino riflette un tentativo immaturo di lutto ed è " prodotto legittimo di un'amara esperienza".

Secondo la corrente opinione, il paragone con l'abbandono è valido, perché per il bambino abbandonato è una specie di morte, non solo della madre, ma di una parte del suo Sé, quella profonda essenza del Io che lo fa sentire completo.

Riconoscere questa perdita nel suo forte impatto su tutte le persone coinvolte in un'adozione è il solo modo di superare il dolore. Il dolore della separazione e della perdita per entrambi: il bambino dalla madre biologica, la sofferenza di non comprendere o di non essere capace di rimediare a questo dolore da parte dei genitori adottivi.

Nella nostra società non piace ammettere l'assenza di assoluti o accettare l'idea che la vita sia spesso paradossale. Al contrario, neghiamo o ignoriamo i problemi per i quali non abbiamo soluzioni precise, o ci dividiamo su due fronti, ognuno dei quali ignora cose che possono essere ovvie per l'altro.

Nel caso dell'adozione, possiamo negare, ignorare, proiettare, intellettualizzare, concettualizzare aree ed esternare qualsiasi cosa per evitare il dolore e la nostra incapacità di affrontarlo.

È da tempo risaputo che gli istituti e gli affidamenti familiari temporanei o multipli non sono forme adeguate di assistenza per i bambini abbandonati. La mancanza di un *caregiver* permanente, priva il bambino di alcuni dei requisiti necessari per un normale sviluppo psicologico: una continuità di relazione, l'educazione alle emozioni. L'attaccamento è più difficile e il legame impossibile.

Via via che il numero dei *caregivers* aumenta, la capacità di attaccarsi diminuisce e la paralisi emotiva diviene sempre più evidente. C'è spesso una incapacità di vivere bene, e in casi estremi, anche la morte. Quello di cui il bambino ha bisogno è una persona che si prenda cura di lui prima possibile, in modo permanente.

L'adozione è stata considerata come la migliore soluzione a tre problemi: quello di una madre biologica che non può, o non vuole, o non ha il coraggio, di prendersi cura di suo figlio; quello del bambino che viene abbandonato; e quello della coppia sterile che vuole avere un figlio.

La speranza è che mettendo insieme le ultime due entità si trovi una soluzione felice per tutti. La realtà, invece, è meno perfetta.

A dispetto della continuità della relazione che l'adozione procura, i bambini adottati si sentono non desiderati, sono incapaci di credere nella permanenza della relazione adottiva e spesso presentano disordini emotivi e problemi comportamentali.

Sebbene questi sintomi possano essere maggiormente evidenti nei bambini che abbiano avuto più *caregivers,* la ricerca ha dimostrato che essi sono presenti anche in quei bambini che sono stati dati in adozione alla nascita o dopo poco tempo.

Ciò fa nascere alcune interessanti domande: perché un bambino, anche se nato da poche ore o da pochi giorni, non può compiere questo passaggio senza problemi? Cosa avviene in quei bambini ai quali non è mai stato detto niente della loro adozione? Perché la sostituzione dei genitori fa la differenza, anche se quelli adottivi forniscono un ambiente caldo, accogliente, e affettuoso in cui il bambino può crescere e svilupparsi?

"Alcuni medici, lavorando con gli adottati, hanno notato che essenzialmente essi presentano tutti le stesse problematiche, sia che siano stati adottati alla nascita che in età adolescenziale.

Queste problematiche si centrano sulla separazione e la perdita, la fiducia, il rifiuto, la colpa e la vergogna, l'identità, l'affettività, la fedeltà, la supremazia o il potere e il controllo, temi molto ben sviluppati da tutti coloro che si interessano di adozione.

Sebbene queste problematiche possono essere presenti per tutti e tre i membri della triade dell'adozione, il lavoro clinico ha dimostrato, comunque, che molte di queste stesse problematiche compaiono nelle persone che sono state poste in incubatrice e sono state diversamente separate dalle loro madri dalla nascita, sebbene si siano ricongiunte con la madre naturale.

La presenza costante di queste problematiche tra gli adottati e i neonati nelle incubatrici, suggerisce che sia l'esperienza del sentirsi abbandonati la causa di questa ferita".[96]

6.2 Gestire le domande

Donald Winnicott con le sue opere ha contribuito molto a far comprendere il legame profondo tra madre e figlio. Ha anche affermato che all'inizio della vita non c'è ancora un bambino. C'è invece una madre/bambino, un'unità spirituale, emozionale, psicologica, il cui mezzo per conoscere il mondo e l'intuito. Il bambino e la madre, sebbene fisiologicamente separati, sono ancora psicologicamente " uno".

Inutile dire che tale concetto ha un forte significato per il neonato che viene tolto alla madre subito poco dopo la nascita. Per quanto siano vicini ai loro genitori adottivi, c'è sempre uno spazio riservato alla madre che li ha generati. Sembra che vi sia un legame biologico più che una curiosità o un bisogno di informazioni.

"Quando viene chiesto loro perché vogliono cercare i loro genitori di nascita, gli adottati daranno spesso una risposta socialmente accettabile, come la necessità di informazioni di tipo medico o il desiderio di capire quali siano le loro origini. Tuttavia quando si fanno domande più specifiche, del tipo, " quale genitore cercheresti, se dovessi fare una scelta? ", la maggioranza ha risposto la madre. Il motivo ha a che fare

[96] Newton Verrier N., (2007), *Ferita primaria*, Milano, Saggiatore, pag. 31

con una sensazione di un legame inconscio con quella madre perduta che in loro appare profondo.

Quando si chiede perché avrebbero cercato la loro madre, invece del loro padre, rispondono che in qualche modo con lei c'è una relazione più profonda; e che il padre invece era soltanto qualcuno che lei amava".[97]

Alcuni psicologi credono che bambini giunti all'età di due/tre anni possano talvolta ricordare la loro nascita e gli eventi che ne sono seguiti, ma quando superano l'età di due anni e mezzo o tre, questi ricordi scompaiono e possono essere recuperati solo attraverso l'ipnosi. In ogni caso ci sono le testimonianze delle madri adottive e i pianti notturni dei loro bambini che chiedevano " *Voglio la mia mamma*". Una madre ha riferito che quando rassicurava sua figlia con un: *"... La mamma è proprio qui*", lei le rispondeva *"...voglio l'altra mamma*", la mamma da cui era stata separata alla nascita.

Madri più intuitive hanno detto ai loro figli, nelle stesse circostanze, "... *Lei ci manca non è vero?*". Riconoscere in questo modo i sentimenti porta a ristabilire la fiducia tra una madre e un figlio adottivo.

Nella maggior parte dei casi, per la nostra ignoranza, ci sentiamo respinti e non riusciamo ad aiutare un bimbo che soffre. Molti adottati fantasticano sulla loro madre di nascita, anche se non hanno un ricordo cosciente.

Alcuni hanno fantasie sul padre biologico o sui fratelli. Alcuni bambini adottivi abbandonati quando avevano poco più di due anni fa hanno raccontato di avere la sensazione di essere stati tra le braccia della mamma, sebbene non potessero davvero ricordarla. Essi fantasticano molto su di lei ed hanno l'abitudine di parlarne. Capita anche di piangere per la madre, pur dicendo di non capire perché si dovesse piangere, " per qualcuno che non si è conosciuto".

Altri bambini fanno fantasticherie come l'invenzione di una fata buona. Una madre favolosa che un giorno forse sarebbe tornata per reclamarli.

---

[97] Newton Verrier N., (2007), *Ferita primaria*, Milano, Saggiatore., pag. 28

Una fata, quindi magica, che avrebbe saputo istintivamente tutti i loro desideri e necessità e che sarebbe sempre stata buona.

Nascondere la verità assume ben poco senso. La gestione delle domande sulla propria nascita, sulle proprie origini, sulla propria madre, ha una funzione anche terapeutica. Trascendere il problema dell'abbandono attraverso le domande sulle proprie origini, cercare di soddisfare il più possibile la curiosità che nasce dall'abbandono e dalla mancanza di cure materne primarie, è una cosa che un genitore adottivo ha il dovere di fare. Il problema è che al momento pare nessuno sappia davvero insegnare il modo migliore per farlo. Rimane quindi il buon senso, la sensibilità, l'amore verso il figlio adottivo, la principale spinta e guida al tentativo di dare spiegazioni e di gestire le domande che i figli adottivi rivolgono ai loro caregivers.

Il punto principale è gestire le domande, avere la sensibilità ed il coraggio di non occultare la realtà, e di spiegarla, anche nella sua apparente crudezza, non pensando di avere di fronte un bambino, un ragazzino, che non sia in grado di capire, trascendere attraverso la razionalizzazione, od interiorizzare il problema nella sua reale complessità.

La cosa da non fare, è senz'altro l'esprimere giudizi sugli accaduti, che spesso nemmeno si conoscono. Un figlio adottivo, mantiene sempre in una parte biologica del suo essere, un aggancio con i genitori, e soprattutto con la madre, molto potente e non facilmente cancellabile, né così facilmente gestibile senza un aiuto psicologico esterno, non coinvolto e che rappresenti una terza parte “sganciata” dalla storia passata ed attuale.

6.3 Gestire la rabbia. La vita è un boomerang

La complessa realtà psichico-emotiva che il bambino adottato vive al momento del suo arrivo può dare origine a reazioni psico-fisiche, (sonno difficile, difficoltà nell'alimentazione) e comportamentali, che possono presentarsi sia in famiglia che nel contesto sociale, particolarmente in quello scolastico.

Di fronte a tale reazione è importante che gli adulti si occupino del bambino attivando una disposizione alla comprensione, e anziché interpretare le difficoltà come opachi segnali di disagio li leggano come comportamenti auto difensivi o come linguaggio con cui bambini adottati si raccontano.

Secondo Botta, a scuola è importante che i docenti siano consapevoli di eventuali problemi psicologici dei bambini adottati inseriti in classe e siano in grado di individuare le strategie più adeguate di fronte ad un iniziale difficoltoso adeguamento nella quotidianità scolastica.

Le problematiche che si presentano con maggiore frequenza sono:

- Instabilità e iperattività, distrazione, movimento senza tregua, iniziare un'attività e non

portarla a termine. Sono comportamenti abbastanza comune nei bambini appena adottati.

Segnalano la difficoltà di adattarsi a un nuovo ambiente familiare e sociale che svolge nei loro confronti una funzione di contenimento, con modalità a cui essi non sono abituati. Sono comportamenti che si osservano soprattutto in bambini che provengono da prolungate esperienze di istituzionalizzazione, caratterizzate da relazioni tra pari spesso basate sulla prevaricazione e dall'assenza quasi totale di figure adulte di riferimento con funzioni educative.

- Comportamenti oblativi e compiacenti: "*alcuni bambini per sopravvivere in condizioni*

di trascuratezza e abbandono hanno imparato a non esprimere propri bisogni, a compiacere i desideri degli altri, a mostrarsi docili e sottomessi, a soffocare dentro di sé ogni moto di rabbia. Sono bambini pseudo adattati all'ambiente, che non recano disturbo e anzi gratificano gli adulti di riferimento, ma che rischiano di perdere il contatto con la propria realtà emotiva e che pertanto devono essere aiutati a riconoscere ed esprimere i loro sentimenti più autentici, compresa la rabbia, lo odio, il disappunto".[98]

- Difficoltà nelle relazioni: bambini che hanno vissuto le prime esperienze relazionali con

persone inaffidabili possono aver difensivamente imparato a tenere gli altri a distanza, nell'illusione di mettersi così al riparo da nuove delusioni. Sono bambini che assumono comportamenti sgradevoli e antipatici, che possono essere aggressivi nei confronti degli altri, di se stessi o delle cose. Se hanno subìto troppi cambiamenti nelle figure di accudimento, non riescono a costruire legami privilegiati: si aggregano pertanto a chiunque sia presente, facendo un uso indiscriminato dell'altro, cercando conforto e protezione anche da figure completamente estranee. O ancora, se hanno vissuto in condizioni di particolare trascuratezza, possono aver imparato ad autoconsolarsi mettendosi in disparte allontanandosi dal mondo circostante.

Ripropongono pertanto questa modalità -che è l'unica che conoscono- anche nel nuovo contesto, mostrandosi chiusi, distaccati e lasciandosi coinvolgere solo con molta difficoltà nelle relazioni.

- Bugie: Il ricorso alle bugie è frutto dell'insicurezza e della paura. È una strategia usata da

chi si sente minacciato o da chi non si fida degli altri. Ma per un bambino adottato può anche rappresentare una via di fuga da una realtà difficile, a favore di una realtà parallela più tollerabile, anche se esistente solo nella sua fantasia.

La gestione della rabbia è un punto importante anche per la destabilizzazione della coppia: è importante infatti imparare a gestire le inevitabili rabbie che il minore "tirerà fuori" nel corso del suo cammino con i genitori.

---

[98] Botta L., a cura di, (2010), *Alunni adottati in classe*, Genova, Erga, pag. 10.

"La vita è un boomerang", si dice, ed è ormai risaputo che tutto ciò che "lanciamo" nel mondo prima o poi, dai diretti interessati o da altri torna. E' quindi impensabile che ci si possa prendere cura di un minore adottato senza che questi abbia il desiderio conscio o inconscio di restituire il male, la solitudine, la rabbia, la delusione a chi, anche se non c'è, anche se non è presente in quel momento, è , magari anche ben, "rappresentato", dalle figure genitoriali presenti in quell'istante.

Ci saranno momenti, soprattutto per gli adottati più grandicelli, di rabbia e frustrazione, verranno i momenti delle parolacce e degli insulti, verranno i momenti di autolesionismo e di attacchi fisici a chi c'è in quel momento, ma dovrebbe essere chiaro che non sono rivolti alle attuali figure di riferimento, bensì a chi, diversamente, dovrebbe essere lì a prendersi questa rabbia, ma non c'è.

Come sostiene Nancy Newton Verrier, i genitori adottivi, nella stragrande maggioranza e, soprattutto in Italia, non sono assolutamente preparati a tutto questo. E' quindi logico che possano andare in "panico"; il panico è intuibile che si trasformi in confusione e la confusione in un fattore facilmente destabilizzante.

Del tutto normale anche per dei genitori biologici che, la violenza, apparentemente improvvisa che esplode da questi bambini/ragazzini, rappresenti un fattore fortemente confusivo. L'impreparazione al sorgere dell'evento ed al modo di gestirlo, il dover fronteggiare una violenta manifestazione di "frustrazioni da abbandono" che, a volte, del tutto inaspettata, si manifesta, porta i genitori adottivi a trovarsi a dover risolvere situazioni di totale emergenza. Se non preparati adeguatamente prima, cercheranno di risolvere con il buon senso, probabile, ma sicuramente anche in preda al panico dettato dalla situazione di emergenza.

Fronteggiare un bambino di tre/quattro anni che, (anche soltanto per un semplice rifiuto o proibizione), in preda ad un "attacco di rabbia", proietti addosso ai genitori adottivi tutta una serie di insulti e parolacce, che scalci e si dibatta o che arrivi a ferirsi contro i mobili di casa o rischi palesemente di farlo, può essere considerata una situazione di emergenza da un lato, ed una possibile ragione di agitazione per chi, in quel momento, si trova a fronteggiarla.

E', altresì normale che i partner della coppia in preda all'agitazione se non al panico, se non opportunamente seguiti, motivati e istruiti sui casi specifici, inizino a colpevolizzarsi a vicenda per l'accaduto.

Il sospetto di incapacità reciproca, la stima dell'altro e i comportamenti, sono messi a dura prova di fronte ad eventi del genere.

Ritornando su argomenti già trattati, ma solo come richiamo mnemonico, se la coppia non è sufficientemente forte nelle "comuni" convinzioni educative, se gli argomenti non sono stati discussi e condivisi in precedenza, eventi di questo tipo sono in grado di destabilizzare anche le coppie più consolidate.

"Penso che spezzare il legame tra il bambino adottato la madre naturale causi una ferita primaria o narcisistica, che colpisce il senso del Sé dell'adottato e che spesso si manifesta in un sentimento di perdita, di fiducia di base, di ansia e depressione, con problemi emotivi e comportamentali e difficoltà nelle relazioni significative. Credo inoltre che la consapevolezza, conscia ed inconscia, che la separazione sia stata il risultato di una "scelta" fatta dalla madre influenzi il senso di autostima e di auto considerazione dell'adottato".[99]

Quanto sopra ci introduce ad un argomento ancor più delicato, che nell'equilibrio di una coppia adottiva si presenta impellente da subito ma che si sviluppa nel tempo, e proporzionalmente con la capacità di razionalizzazione del minore adottato: il modo migliore di gestire, "spiegare" giustificare, trascendere, "guarire " questo abbandono.

6.4 Gestire l'abbandono, il lutto sociale e il rifiuto

[99] Newton Verrier N., (2007), *Ferita primaria*, Milano, Saggiatore, pag. 45

" Perché proprio io?" – "Perché proprio a me?" – "Cosa avrò fatto di sbagliato? " – "Sono stato cattiva/o, o sono brutta/o, o sono stupida/o...?" .

Queste solo alcune delle ipotesi che una bambina/o si fa per spiegarsi ciò che le/gli è accaduto e del perché sua madre, i suoi genitori, la/lo ha lasciata/o in istituto oppure nemmeno ha voluto conoscerla/o.

Come si può spiegare ad un minore un simile gesto? Com'è possibile riuscire a spiegare un simile "torto"? E' ovvio che parliamo di un lutto e quindi la problematica psicologica è quella della sua elaborazione e susseguente razionalizzazione. Qui, però, c'è molto di più, proprio perché il "lutto da elaborare è quello materno, e ancora, molto di più perché si parla di un "materno" che, invece, è ancora vivo.

Nella testa di un bambino che, anche se molto piccolo e non in grado di razionalizzare tutto, sicuramente è in grado di "organizzarsi" un suo "sentire", è un danno ben più che rappresentativo di un rifiuto.

L'oggetto d' Amore, (Madre), c'è, è viva, ma non mi vuole. Una cosa che dovrebbe essere mia di diritto naturale, mi viene negata. Riuscire a spiegare questa "ingiustizia" appare a volte impossibile, e forse lo è.

L'attenzione particolarmente sensibile verso la funzione materna nasce dalle conclusioni delle osservazioni sperimentali e cliniche sul mondo relazionale del neonato.

Tra gli autori più recenti che se ne sono occupati Stern è uno di quelli che ha tentato di formulare delle interessanti ipotesi sulla vita mentale affettiva del neonato, tenendo ben presente il sapere della psicoanalisi infantile più tradizionale, a partire da Spitz, Anna Freud, Melanie Klein, Winnicott.

Attraverso l'osservazione diretta del bambino, Stern, giunge a postulare l'esistenza di quattro differenti sensi del sè, dalla nascita fino a circa due anni, ognuno dei quali rappresenta un organizzatore del campo di esperienza soggettiva e di relazione sociale: " *i neonati cominciano a sperimentare il senso di un sé emergente fin dalla nascita; essi sono predisposti ad essere coscienti dei propri processi di autorganizzazione.*

Non sperimentano mai un periodo di totale indifferenziazione tra il sé e l'altro. Non c'è confusione tra sé e l'altro, né alla nascita né durante la prima infanzia." [100].

Madre e bambino rappresentano un sistema interazionale che si evolve attraverso una crescente sintonizzazione affettiva e che impronta il codice dei segnali alla reciprocità e alla intenzionalità comunicativa.

Se questa condizione psichica viene aggravata dalla mancanza di cure opportune e dall'assenza della figura materna, il bambino sperimenta uno stato più o meno prolungato di frustrazione causata dalla perdita, dalla mancanza e dall'attesa dell'oggetto materno.

Si configura l'esperienza molto primitiva di un vuoto arcaico, che come abbiamo già affermato, ha conseguenze sulle capacità di investimento libidico, narcisistico e oggettuale.

Il lutto a cui dover far fronte non è solo quello del minore, ma anche quello dei genitori che si ritrovano a dover supplire ad un'improvvisa "mancanza" fisica, ad un handicap non solo fisico, ma anche psichico: l'incapacità di procreare.

L'incontro adottivo si staglia sullo scenario di una doppia mancanza: alla coppia manca un figlio, ad un bambino mancano i genitori. Se i genitori saranno in grado di colmarla potranno realizzare l'evento intensamente caricato di emozioni di una doppia nascita: due esseri che diventano genitori ed un essere che diventa persona attraverso la filiazione.

L'adozione, in quanto priva dell'esperienza della gestazione del parto, richiede un lavoro mentale complesso per stemperare la dicotomia tra biologico e il mentale, unitamente agli ostacoli concreti e alle difese psicologiche presenti. La coppia si trova a dover percorrere un cammino per acquisire " quel qualcosa in più", nel suo patrimonio interiore al fine di elaborare, " quel qualcosa in meno", legato alla mancanza biologica.

---

[100] Stern D. ,(1992), *Il mondo interpersonale del bambino,* Torino, Bollati Boringhieri

6.5 Sono stato adottato: la doppia destabilizzazione

Il concepire insieme in uno spazio immaginario creativo il proprio bambino venuto dall'esterno, da un vuoto di origine, richiede alla coppia adottiva il passaggio dallo stato di coniugi allo stato di genitori.

Riconoscere e legittimare il figlio adottivo nella sua estraneità implica un atto integrativo tra fantasia e realtà, tra sconosciuto è conosciuto, per potersi incontrare con lui anche in assenza della comune eredità biologica che normalmente lega indissolubilmente genitori e figlio.

Nelle prime fasi di incontro e conoscenza, l'impossibilità di trovare una somiglianza rassicurante nei tratti somatici si manifesta attraverso l'ansia e l'incertezza di essere accettati da bambino: " *speriamo che si affezioni, che non ci rifiuti.*"

Queste preoccupazioni verbalizzate dalle coppie durante i colloqui preliminari nascondono a volte la paura di non riuscire a realizzare un attaccamento immediato e felice, proprio perché il bambino è altro da sé.

"La stessa difficoltà a immaginare il figlio adottivo prima del suo arrivo è segnale di queste ansie: " non so immaginarmelo... anzi, preferisco non immaginarlo per non soffrire" oppure " è una questione di pelle... speriamo che ci assomigli un po'".

La verità originaria del bambino va mantenuta nella mente dei genitori e a lui restituita in quanto strutturante di un'identità. Una collusione tra genitori e figlio nel mantenere una sorta di censura sul tempo precedente l'incontro rischia di essere molto sfavorevole ad uno sviluppo emotivo e cognitivo adeguato.

L'auspicio di alcuni che " per il bambino sia meglio dimenticare il suo passato", o la cieca auto convinzione che, "tanto così piccolo non può ricordare", sono espressioni che denunciano la resistenza inconscia a riconoscere l'estraneità del nuovo componente rispetto alla famiglia. Spesso è il figlio ad entrare in modo affrettato, o perché gli adulti, spinti dal forte desiderio di sentirsi finalmente genitori, quasi se ne appropriano, o perché il bambino stesso segnala con le parole e il comportamento l'urgenza di essere accolto".[101]

Il periodo di frequentazione iniziale, gli incontri via via più ravvicinati, rappresentano un'occasione determinante, e arricchiscono la mente dei genitori di quei particolari nuovi ma reali e concreti attraverso i quali potranno rappresentarsi il loro bambino. Un figlio finalmente reale con una sua fisionomia, un suo profilo, metterà alla prova la loro disposizione al cambiamento, al desiderio di conoscere uno " sconosciuto" , per tanto tempo rimasto senza identità, sesso ed età.

Come affermano Peila Castellani e Farri Monaco, nel caso di un bambino adottato in età più avanzata, italiano o straniero, il desiderio di "educarlo" nasconde da parte dei genitori l'inconscio bisogno di renderlo più adeguato all'ambiente esterno e alle proprie modalità di essere, come difesa dalle sofferenze e l'inquietudine di un ignoto passato, da cui sono stati esclusi.

Per il bambino l'adozione rievoca la rottura del legame primario e la perdita traumatica del continuum di cure e maternage che nella situazione naturale madre-bambino permette di affrontare ed elaborare il brusco abbandono del rassicurante ambiente uterino. Inoltre la sofferenza per la perdita di situazioni certamente carenti come l'istituto o la comunità, ma note, introduce un senso di precarietà e di ansia verso la nuova situazione.

Gli psicologi relazionali considerano la famiglia un sistema in cui i membri interagiscono tra di loro con modelli transazionali costruiti in base alle richieste reciproche.

Per mantenere un soddisfacente adattamento reciproco tra i membri, la famiglia deve essere capace di modificare i suoi modelli transazionali di

[101] Farri Monaco M., Peila Castellani P., (2008), *Figlio del desiderio: le nuove frontiere dell'adozione,*

Torino, Bollati Boringhieri

fronte a cambiamenti che la coinvolgono. Questo può essere facilitato dalla disponibilità al cambiamento dei suoi componenti od ostacolato dalla loro rigidità: esiste, tuttavia, un momento di squilibrio del sistema in cui i ruoli e le funzioni perdono la loro stabilità.

Considerando l'inserimento di un nuovo membro nella famiglia come occasione di cambiamento, Minuchin osserva che egli deve adattarsi alle regole del sistema e il vecchio sistema deve a sua volta modificarlo per inglobarlo. Inoltre, egli sottolinea che vi è una tendenza a mantenere vecchi modelli, che generano uno stato di tensione al nuovo venuto e possono fargli aumentare le richieste.

Le difficoltà del bambino e dei genitori adottivi nella costituzione del nuovo nucleo non sarebbero evitabili in quest'ottica, bensì più o meno risolvibili a seconda della disponibilità della famiglia al cambiamento di schemi e modelli di riferimento.

L'adolescenza, per esempio, è una fase in cui nella persona che cresce si fanno più forti le spinte all'affermazione e il ragazzo cerca modelli alternativi a quelli accettati in precedenza.

Affiora in lui la coscienza di essere persona. La definizione di sé nella risposta alla domanda:

"*...chi sono?*" pone il giovane di fronte al suo futuro è tempo stesso al suo passato, alla ricerca di qualcosa di sé che rimane costante nel fluire del tempo.

Il periodo adolescenziale caratterizzato da trasformazioni psicologiche e biologiche che investono l'identità sessuale, la conquista dell'autonomia e il modo di vedere la vita e il mondo. Durante la preadolescenza e l'adolescenza la famiglia viene vissuta criticamente anche dai ragazzi non adottati, i quali considerano le altre famiglie come migliori della propria.

In tale fase può accadere che un ragazzo adottato utilizzi le figure genitoriali d'origine come strumento di ricatto verso la sua famiglia.

Pensare di essere stato procreato da un altro uomo e un'altra donna fa riaffiorare l'enigma della propria nascita biologica, il riemergere del dolore per le carenze vissute. Si ripresentano le domande sulla propria origine in maniera più matura e più profonda, si ripropongono vissuti lontani e una sofferenza che pareva superata.

Debolezze e tentennamenti dei genitori potrebbero intaccare il suo equilibrio. I genitori adottivi devono essere certi della loro genitorialità, non avere paura dei fantasmi che non sono la realtà, ma che possono riaffiorare nella mente del figlio. Questa condotta darà al ragazzo/a la sicurezza di cui ha bisogno per sentire riconfermata la propria appartenenza al nucleo famigliare.

Come avviene per i genitori biologici, il genitore adottivo può aiutare il figlio a far emergere i propri conflitti, a trovare la propria storia personale, ad integrare le vecchie esperienze con le nuove.

I genitori possono sentirsi impotenti, incapaci e possono cercare risposte che rassicurino loro anziché il ragazzo, possono rifiutare di guardarsi dentro, di leggere le loro paure che vengono negate, ma non devono lasciarsi prendere dalla paura di affrontare i problemi come si presentano.

Si possono affrontare le situazioni difficili attraverso una riflessione sulle reazioni suscitate dal figlio che mette tutto in discussione. Diviene, quindi, un camminare insieme al fine di dare fiducia e speranza al ragazzo.

I genitori dovrebbero ritrovarsi come madre e padre di un soggetto che viene al mondo come adulto, che nasce come individualità a sé stante, senza temere, con la perdita del ruolo sociale direttivo, di dover rinunciare al rapporto affettivo che, se strutturato, non teme cambiamenti o separazioni.

In un ambito di tolleranza per il vecchio e di apertura al nuovo sarà possibile accompagnare ogni tentativo del ragazzo di saperne di più su di sé. Il ragazzo deve sapere che ogni ricerca del passato, ogni curiosità nelle memorie del passato non rappresenteranno una minaccia per il nucleo familiare e per la stabilità affettiva del legame con i genitori adottivi.

Viceversa, egli potrà contare su di loro e sulla continuità delle esperienze vissute insieme per poter ritrovare nella propria continuità, la base della propria identità. Il ragazzo può risolvere le proprie difficoltà e continuare a crescere se ha un'accettazione totale di sé e di una buona fiducia nella propria capacità di diventare un soggetto autonomo. Ciò ovviamente è legato alla sua origine e alla sua adozione, ma soprattutto a come i genitori adottivi hanno vissuto e vivono gli uni per gli altri.

Anche nei genitori si possono ripresentare antiche paure e insicurezze, i rapporti vengono messi in crisi ma il nucleo familiare deve avere la capacità di operare cambiamenti per uscire dalla fase di stallo e ristabilire un nuovo equilibrio. Le difficoltà sono vissute, anche se con modalità diverse, in proporzione in modo paritetico sia dai figli che dai genitori .

Dalla letteratura emerge come ogni genitore attraverso le tappe di sviluppo che caratterizzano la crescita del figlio, sia portato a rivivere le esperienze significative della propria infanzia e giovinezza.

"*Il sopraggiungere dell'adolescenza del figlio propone un cambiamento nella coppia, della funzione genitoriale che ha avuto inizio con l'adozione e che può rivelarsi precaria e generare vissuti di fallimento.*

Nelle famiglie adottive la situazione è ancor più complessa per il permanere del fantasma della famiglia biologica come responsabile dei problemi, per la gelosia e la paura della perdita di amore privilegiato che fantasie di ricerca delle origini, sovente rinnovate dai figli adolescenti, possono provocare".[102]

Winnicot sostiene che "*durante l'adolescenza, i figli adottivi non sono come tutti gli altri benché si faccia finta che lo siano. Essi tendono a trascurare le prime delicate fasi dello sviluppo adolescenziale e raggiungere troppo velocemente l'idea adulta di una relazione sessuale, idealizzata mediante il matrimonio. I figli adottivi vivono l'adolescenza con maggiore tensione degli altri e ciò è dovuto all'ignoranza circa la loro personale origine. I problemi banali che preoccupano ciascun*

[102] Pani R., Sagliaschi S., (2007), *La complessità del rapporto adottivo*, Roma, Borla, pagg. 75-76 / 79-81

adolescente assumono un aspetto alterato e le questioni collaterali divengono quelle maggiormente rilevanti".

Egli aggiunge, inoltre, che *"ai figli adottivi si debbono assolutamente comunicare i fatti della vita: gli altri bambini possono adattarsi a cogliere qualche informazione qua e là e giocare con l'immaginazione e con i miti, ma ai figli adottivi bisogna rispondere in modo esauriente, aiutandoli a fare le domande giuste."* [103]

Tutti i bambini danno un nuovo orientamento alla loro vita nel momento della pubertà ed i figli adottivi, a questa età, necessitano di un aiuto per gestire i loro sentimenti messi a dura prova dalle nuove capacità emergenti.

[103] Winnicott D. W., (1986), *Il bambino deprivato: le origini della tendenza antisociale*, Milano, Cortina,

pag. 144

CONCLUSIONE

Durante questo corso di Laurea in Psicologia della comunicazione ho sentito spesso dire e da più di un Docente: “La parola è magia! Essa può fare ammalare come ha il potere di guarire…”.

Anche io sono assolutamente d’accordo con questa affermazione ed è una cosa che ha motivato ancor di più i miei studi in questa direzione. La parola è davvero magica e credo che abbia questo grande potere. Questo ovviamente pone l’uomo che la usa, di fronte una grande responsabilità. La responsabilità di essere cosciente in ogni momento di cosa sta dicendo e che, ciò che farà, sarà congruo a quello che ha dichiarato. Se è vero che la parola guarisce ma, ancor di più se è altrettanto vero che la parola ferisce, questa responsabilità non si può ignorare.

Parlando del titolo e quindi dell’argomento di questa mia tesi con un Docente che me ne chiedeva notizie mi sono sentito dire una cosa che mi ha ancora di più aperto gli occhi su questo lavoro: “… i figli destabilizzano? Ma siamo noi genitori che destabilizziamo loro…” una semplice battuta o una profonda verità? Resta il fatto che ancora una volta il “Maestro” ha fatto bene il suo lavoro sull’”Allievo”, instillando il “dubbio” che in fondo dev’essere il vero motore del sapere.

In conclusione è vero che i figli destabilizzano il ciclo vitale del “sistema famiglia”? Oppure è invece vero il contrario?

Come spesso accade ricercando la verità delle cose, la si trova pressappoco in metà. La metà di questa verità sta nel concetto di “Sistemica”.

La teoria, prendendo in analisi la famiglia come un organismo formato da tante parti quanti sono i componenti e che vive grazie al “funzionamento” di tutte le sue parti, analizza una rete di fitti rapporti interpersonali che sono tutti dipendenti gli uni dagli altri, e che sono in grado di influenzarsi vicendevolmente in stretta proporzione a quanto è il grado di coinvolgimento e di profondità del rapporto. Ne consegue che i figli, elementi generati e quindi “aggiunti” in un secondo tempo alla formazione della coppia, sono per definizione un elemento di cambiamento, perciò, destabilizzante. Dipende dai genitori, dalla loro preparazione a questo cambiamento, dalla loro maturità cognitiva e sentimentale, dal loro accordo trovato nel tempo il poter fare in modo che questo cambiamento non sia destabilizzante nella sua accezione negativa.

Uno o più elementi che si vanno ad aggiungere a questo "sistema" pluralizzano ancor di più il sistema è questo è un fatto oggettivo. La nuova realtà non dev'essere per forza negativa, anzi, la nascita e la crescita di un figlio/a sono un evento che completa la Famiglia. I primi fattori destabilizzanti che sono da "combattere" o vorrei dire meglio, da risolvere sono in prima istanza dentro di noi.

E' necessaria una profonda analisi di come siamo noi stessi, delle paure che ci condizionano, delle aspettative, per lo più illusorie, che abbiamo, delle cose che ci stimolano e di quelle che ci bloccano, in quel processo di riorganizzazione e di ri-armonizzazione del sistema familiare che costituisce il passaggio "da due componenti una Coppia" a "Padre e Madre di un Figlio". Già soltanto leggendo le due descrizioni comprendiamo che il cambiamento è profondo, come sono profondi e molto più complessi gli intrecci che si caricano di nuove e "sconosciute" responsabilità. Ciò che accade sempre più spesso, anche per come la "società dei consumi" ci spinge a comportarci, mi sembra essere che:

- Troppo spesso i coniugi discutono anche in presenza dei figli e per argomenti che li riguardano.
- Troppo spesso la coppia è immatura e i componenti si colpevolizzano l'un l'altro per cose che sono proprie e non dell'altro, innescando una spirale di risentimenti e di piccole vendette quotidiane, che potrebbero essere evitate con un dialogo più sincero, mettendo da parte il proprio ego e le proprie "paure" di non essere perfetti, di non essere i migliori.
- Troppo spesso un coniuge, (solitamente il più maturo anagraficamente), sale in cattedra pensando di avere la verità in

tasca, pontificando verità che a volte sono solamente le sue e non pensando invece a cosa, veramente, può essere meglio per se stesso e la propria famiglia, sostenendo di sapere come si educa meglio dell'altro, di conoscere meglio i propri figli dell'altro, di avere più diritti nell'educare perché più presente, di dare economicamente di più al nucleo familiare.

La mancata risoluzione di problemi personali, scatena spesso conflitti interiori che vengono riversati sugli altri, alla prima occasione di diverbio.

Vorrei terminare come ho iniziato citando nuovamente Collodi e la sua Opera.

Pinocchio, non ancora finito, già si dimostra impertinente, impaziente, strafottente e distruttivo, appena nato dalle mani di un "Mammo" Geppetto e già con le caratteristiche di un adolescente!

Non a caso Collodi pone Geppetto, Padre inerba ed inesperto genitore, suo malgrado, anch'esso al centro della vicenda. Sull'opera del Collodi si sono scritte milioni di pagine e non è difficile ripetersi dicendo che non è solo Pinocchio il principale attore di questa "storia".

La figura di questo padre è ciò che i figli ci chiedono: fermi, ma amorevoli, severi, ma tolleranti, dispiaciuti, ma compassionevoli, *"sebbene facesse gli occhi di tiranno, aveva gli occhi pieni di pianto, ed il cuore grosso dalla passione,"* (pag. 51).

Pinocchio fugge via non appena in possesso delle gambe, (riacciuffato solo grazie all'intervento del carabiniere, che lo riconsegna a Geppetto trafelato).

Lo Scrittore sembra avere uno sguardo tenero per il povero padre, irriso dal figlio, mentre la gente per la strada ottusamente prende le parti del burattino, vittima della tirannia del padre, "*quell'omaccio di Geppetto... ",* la stessa cosa accade a milioni di coppie con i figli, in un qualunque supermercato.

Poi, c'è un simulacro di madre: eterea, impalpabile come la Fata Turchina, che sgrida severa, ma poi perdona, il Grillo, il suo SuperIo che normativo lo rimbrotta e lo guida sulla retta via, o almeno ci prova e Pinocchio che fa? Lo schiaccia come spesso facciamo noi con il nostro.

Il gatto e la volpe: Inconscio e Subconscio che agitano gli istinti e le paure più profonde fino a confonderlo alla "perdizione"; ed infine Mangiafuoco: la Legge, ma anche la società, con le sue regole ed i suoi imperativi spesso non piacevoli.

"E' attraverso una sorta di processo psicoterapeutico, quale lo sviluppo della storia nel succedersi delle diverse prove che il burattino deve affrontare, che riesce a restaurare le immagini dei genitori, resuscitando nel percorso una madre morta e facendo rinascere un genitore malato.

Per tutti gli adolescenti sono le immagini dei genitori, più ancora dei genitori reali a richiedere questa azione riparativa, grazie alla quale nel momento in cui si separa da loro si è pronti a ritrovare dentro di sé la loro funzione positiva. Se ciò non avviene, la separazione produce bambini sperduti, disorientati, che l'appartenenza al gruppo dei compagni non è sufficiente a far crescere. L'accesso alla ricchezza, all'eredità dei genitori è il "patrimonio" che consente a Pinocchio di sentirsi ricco a sufficienza per poter affrontare la vita, (la Balena), in un ruolo non più di burattino bensì da uomo"[104].

Solo questa operazione gli può consentire di conciliare la curiosità di cui è ricco con il sapere insegnatogli.

BIBLIOGRAFIA

Andolfi, (1999), *La crisi di coppia: una prospettiva sistemico-relazionale*, Milano, Cortina

[104] Maggiolini A., (1998) "*Mal di scuola*", Milano, Unicopli, pag. 112

Arcidiacono F., (2007), *Conflitti e interazioni in famiglia*, Roma, Carocci

Attili G., (2004), *Attaccamento e amore*, Bologna, Il Mulino

Baldaro Verde J., Pallanca G., (1984), *Illusioni d'amore*, Milano, Cortina

Baumrind, D., (1967), *Child care practices anteceding three pattern of preschool behavior,* in Genetics Psychology Monograph n° 75, pagg. 44-88

Benjamin J.,(1996), *Soggetti d'amore*, Milano, Cortina, pagg.34-35

Botta L., a cura di, (2010), *Alunni adottati in classe*, Genova, Erga

Bowen M., (1980), *Dalla famiglia all'individuo. La differenziazione del sé nel sistema familiare*, Roma, Astrolabio

Bowlby J., (1976), *Attaccamento e perdita*, Torino, Boringhieri

Brutti C., Brutti R., (1998), *La coppia come noita: una sfida per un tempo di crisi,* Assisi, Cittadella Editrice

Carli L., a cura di, (1995), *Attaccamento e rapporto di coppia*, Milano,

Cortina

Carotenuto A., (2001), *La strategia di Peter Pan*, Milano, RCS Libri

Cavallo M., (2005), *Figli cercasi*, Milano, Mondadori

Cavalli S., (2005), *Perché mi hai preso? Adolescenti adottivi*, Bari, Meridiana

Chamberlain D., (1988), *Babies remember birth* , Los Angeles, Tarcher

Cigoli V. (1988) *Giovani Adulti e loro genitori,* Milano, Vita e Pensiero

Colli G., a cura di, (1989), dal *Simposio* di Platone, Milano, Adelphi, pagg. 42-49

De Rienzo E., Saccoccio C., Tonizzo F., Viarengo G., (1999), *Storie di figli adottivi*, Torino, Utet

Eraclito, (1993), traduzione e cura di A. Tonelli, *Dell'origine,* Milano, Feltrinelli, pag. 200

Farri Monaco M., Peila Castellani P., (2008), *Figlio del desiderio: le nuove frontiere dell'adozione*, Torino, Bollati Boringhieri

Farri Monaco M., Niro M. T., (2008), *Adolescenti e adozioni. Una Odissea verso l'identità*, Torino, Centro Scientifico Editore

Fatigati A., (2005), *Genitori si diventa: riflessioni, esperienze, percorsi per il cammino adottivo*, Milano, Franco Angeli

Forcolin C., (2002), *I figli che aspettano*, Milano, Feltrinelli

Francescato D., (2002), *Quando l'amore finisce*, Bologna, Il Mulino

Freud S., (1977), *Introduzione al narcisismo*, Torino, Boringhieri

Galli J., Viero F., (2008), *Fallimenti adottivi*, Roma, Armando

Gambini P., (2007), *Psicologia della famiglia. La prospettiva sistemico-relazionale*, Milano, Franco Angeli

Gibran K. Gibran, (1981), *Il Profeta* , Milano, Edizioni Laterza

Harris J. R., (1999), *Non è colpa dei genitori,* Milano, Mondadori

Kast B., (2004), *La formula dell'amore*, Milano, Longanesi

Kohut H., (1976), *Narcisismo e analisi del Sé*, Torino, Bollati Boringhieri

Iori V., (2006), *Separazioni e nuove famiglie. L'educazione dei figli*, Milano, Cortina

Iori V., (2005), *Padri e madri; oltre la fragilità e rigidità dei ruoli,* in L. Prati, (a cura di), *Educare alla genitorialità*, Brescia, La Scuola, pag.125

ISTAT, (2005) *Rapporto Annuale*

Laing R.,(1972*), Io diviso, studio di psichiatria esistenziale*, Torino, Einaudi

Lemaire J. G., (1981), *Vita e morte della coppia,* Assisi, Cittadella Editrice

Lewin K., (1951), *Teoria e sperimentazione in psicologia sociale*, Bologna, Il Mulino, pag. 125

Maggiolini A., (1998) *"Mal di scuola",* Milano, Unicopli, pag. 112

Maggiolini A., Pietropolli Charmet G., (2010), *Manuale di psicologia dell'adolescenza: compiti e conflitti*, Milano, Franco Angeli

Mainprice J., Bannister K., Pincus L., (1983), *La crisi coniugale e i figli,* Roma, Armando

Moiso C., Novellino M., (1982), *Stati dell'Io,* Astrolabio, Roma

Molinari L., (2007), *Psicologia dello sviluppo sociale*, Bologna, Il Mulino

Nardone G., (2005), *Correggimi se sbaglio*, Milano, Ponte alle Grazie

Newton Verrier N., (2007), *Ferita primaria*, Milano, Saggiatore

Nicolli S., Tortalla E. e M., (2008), *Disagio e crisi di coppia: fallimento, speranza o novità?,* Siena, Cantagalli

Quémada N., (2000), *Cure materne e adozione*, Torino, Utet

Pacucci M., (2010), *Educare in famiglia: un'impresa esaltante,*Torino, Elledici,

Pape Cowan C., Cowan P. A., (1997), *Dall'alcova al nido. La crisi della coppia alla nascita di un figlio*, Milano, Cortina

Pani R., Sagliaschi S., (2007), *La complessità del rapporto adottivo*, Roma, Borla

Piccinino J., (2001), *Separazioni senza traumi. Come affrontare preparati una crisi coniugale,* Milano, Franco Angeli

Rizzolatti G., Vozza L., (2012), *Nella Mente degli Altri,* Bologna, Zanichelli

Rogge J.U., (2003), *Vietato entrare,* Milano, Pratiche Editrice

Santi G., (1984), *Adozione e sistema familiare: strumenti e tecniche di valutazione*, Milano, Giuffrè

Scabini E., (1995), *Psicologia sociale della famiglia. Sviluppo dei legami e trasformazioni sociali*, Torino, Bollati Boringhieri.

Scabini E., Iafrate R., (2003), *Psicologia dei legami familiari*, Bologna, Il Mulino

Scabini E., Iafrate R, (1997), "*Uomo e donna di fronte al percorso matrimoniale, alla separazione, al divorzio: aspetti psicologici e sociale,* Cinisello Balsamo, S. Paolo

Scholè XX Convegno, (1982), *Educazione familiare e cambiamento culturale,* Brescia, La Scuola

Simonelli A., Calvo V., (2002), *L'attaccamento: teoria e metodi di valutazione*, Roma, Carocci

Soulè M., (1990), *Trattato di psichiatria dell'infanzia e dell'adolescenza,* Roma, Borla

Stern D. ,(1992), *Il mondo interpersonale del bambino,* Torino, Bollati Boringhieri

Tayeber E. , (1996), *Aiutare i figli ad affrontare un divorzio,* Bologna, Calderini

Walsh F., (2008), *La resilienza familiare*, Milano, Cortina

Watzlawick P,, Beavin J., Jackson Don D., (1971), *Pragmatica della Comunicazione Umana,* Roma, Editrice Astrolabio

Willi J., (1986), *La Collusione di Coppia,* Milano, Franco Angeli

Winnicott D. W., *(1987), I bambini e le loro madri*, Milano, Cortina

Winnicott D. W., (1986), *Il bambino deprivato: le origini della tendenza antisociale*, Milano, Cortina

INFORMAZIONI SULL'AUTORE

Marco FraticelliLaureato in Psicologia della ComunicazioneSSF REBAUDENGO Università Pontificia Torino - Piazza Conti di Rebaudengo 1 Laurea Magistrale in Psicologia ClinicaTesi in Psiconcologia Università "Guglielmo Marconi" Roma Master di 1° Livello in Sistemica RelazionalePresso CENTRO STUDI ETEROPOIESI Istituto di Psicoterapia Sistemica Corso Francia, 98 - 10143 Torino Dott. Fraticelli Marco laureato in Psicologia della Comunicazione presso l'Istituto SSF-Rebaudengo - Università Pontificia di Torino con una tesi sulla "Destabilizzazione dei figli adottivi e biologici all'interno del ciclo vitale della coppia e della famiglia".

Tesi Magistrale su: "Aspetti psicologici nelle patologie oncologiche".

Counselor Psicologico - Sistemico Relazionale

Master di 1° livello in Sistemica Relazionale e Familiare presso L'Eteropoiesi di Torino.

(*) Il Counseling sistemico è il processo relazionale, che si attiva tra Counselor e Clienti, (individui, famiglie, gruppi o istituzioni), per il raggiungimento degli obiettivi concordati. Essi consistono nel fornire opportunità e sostegno per sviluppare le loro risorse e promuovere il loro benessere come individui e come membri della società affrontando specifiche difficoltà o momenti di crisi. Il "Cliente" è la persona, la coppia, la famiglia o l'organizzazione che richiede di essere aiutata mediante un'opera di supporto, in un percorso formativo o un processo di sviluppo personale inerente una specifica problematica. Il Modello di riferimento "Sistemico" é perciò quello che prende in carico il Sistema nella sua integrità, piuttosto che il singolo componente del sistema stesso, senza mai perdere di vista l'importanza della "Persona", ma con uno sguardo più ampio sul Sistema, (per es. il Sistema Famiglia).

Partecipante e conduttore di gruppi Gestaltici sulla Coppia e sulle problematiche ad essa collegate.

Coordinatore di gruppi di incontro sulla coppia e la famiglia dal 1987 al 1995.

http://www.studiomedicomazzini.com/domande-allo-specialista/psicologia-counseling-famigliare

http://www.studiomedicomazzini.com/home

www.ingramcontent.com/pod-product-compliance
Lightning Source LLC
Chambersburg PA
CBHW030437290526
45786CB00001B/325

* 9 7 8 1 5 4 1 0 7 1 1 6 2 *